Muéstrame el camino

La fuerza del amor

Sheina Lee

Agosto 2022

<u>Aclaración:</u>

Esta novela es una historia ficticia, creada por la imaginación del autor. Sin embargo, varios de sus personajes existieron en la realidad.

"No hay testigo tan terrible ni acusador tan potente como la conciencia que mora en el seno de cada hombre"
Polibio

<u>Dame una señal</u>

<u>Actualidad</u>

El Emperador Tiberio (Roma, 42 a.C. - Miseno, actual Italia, 37 d.C) bostezaba profundamente mientras escuchaba al hombre que inclinado delante de su trono, contaba una y otra vez la misma historia.

-Dicen que hace ver a los ciegos y hablar a los mudos, cura a los leprosos y perdona pecados -comentaba el azorado confidente .Y se hace llamar Rey de los Judíos. ¡Es un peligro para Roma!

-Si es Rey de los Judíos habla con el Sanedrín, y explícale esto mismo que me estás contando. Tengo muchos problemas que resolver para escuchar palabrerías sin sentido-comentó el Emperador pensando en las rebeliones de varios pueblos que se daban con mayor frecuencia en los alrededores de la ciudad. "Cuando crees que lo has vencido, aparecen otra vez"-pensó Tiberio recordando a los partos , el pueblo nómada de las estepas de Asia, que lograron crear un vasto imperio en Irán y Mesopotamia transformándose en un gran rival de la Roma imperial en Oriente.

-Pero, Señor , este Hombre puede provocar un levantamiento en Roma. Sus seguidores crecen de una forma descomunal.

-Entonces los tiraremos a los leones-comentó Tiberio bostezando.

-Señor,perdona,pero creo que debes tomar este problema con seriedad-insistió el hombre.

-¿Desafías mi autoridad?-se levantó Tiberio con los ojos brillando de furia.

-No, Gran Señor, jamás-se humilló el visitante.
Sólo quería advertirte.

-Ya lo hiciste, ahora vete. Si vuelves a
mencionar a ese tal Jesús te haré cortar la
lengua o te tiraré a las fieras en el próximo
festejo. Y elegiré exactamente un día que no
hayan comido.

-Perdona, Señor, solo quise prestarte un
servicio. Nunca pretendí molestarte.

-Ya lo hiciste.Llévenlo,estoy perdiendo la
paciencia-rezongó Tiberio saliendo de la
habitación. Y nunca vuelvan a hablarme de ese
tal Jesús, Hijo de Dios, o como gusten llamarle.
Ya les dije ,que se encargue de él la Corte
Judía, es uno de ellos, no tiene nada que ve con
Roma. O habla con el Prefecto Pilato, es quien
tiene autoridad en Judea.

-Como diga,Señor.Perdone-asintió el
desgraciado temiendo que el Emperador
cumpliera su amenaza.

-Vamos, infeliz,ya escuchaste al Emperador-lo
empujó un Soldado con su filosa lanza.

-Sí,Señor, ya voy- respondió el hombre apurándose hacia la salida.

-¿Pensaste que el avaro Tiberio iba a premiarte por tu lealtad? Pues fuiste verdaderamente un tonto. ¡Vete de una vez antes de que te mate aquí mismo ! Puedes estar seguro de a que nadie le interesaría tu muerte-insistió el soldado riendo a carcajadas.

-¡Piedad!-rogó .Solo quise ayudar-se fue el hombre corriendo tan rápido como le daban sus cortas piernas.

-Amadus-llamó Tiberio a uno de sus servidores principales.

-Dime ,Gran Señor .

-¿Qué hay de cierto en los chismeríos que trajo ese hombre?

-Nada más que habladurías. Algunos individuos dicen que Dios envió a su hijo para salvarlos del yugo romano. Pero hasta ahora , no hemos visto nada que indique una revolución contra nuestra imponente ciudad. Y mucho menos, contra ti.

-Gracias. De cualquier forma, cuando tengas tiempo averigua algo más sobre el tema. Me gustaría interiorizarme mejor acerca de esas tonterías pueblerinas.

-Como digas, así se hará-asintió el soldado bajando la cabeza en señal de humildad.

-Quizá tenga que enviar a alguien de mi absoluta confianza para que investigue-reflexionaba el Emperador sobresaltándose al escuchar un fuerte griterío entre sus soldados. ¿Qué sucede ahora? ¡Parece que hoy no tendré paz!

-Gran Tiberio, el General Julio Rómulos está aquí. Parece que capturó a varios de esa tribu rebelde que amenaza a nuestro Imperio.

-¡Excelente! Háganlo pasar-sonrió sintiendo que había cambiado su humor por la noticia.

"Aunque este triunfo lo hará sentir invencible"-recordó para sí mismo.

-Enseguida, Gran Señor-asintió el Soldado haciendo una gentil reverencia a su Emperador.

"Los que saben mucho se admiran de pocas cosas, en cambio, los que no saben nada, se admiran a sí mismos de todo"
 Séneca

<u>Capítulo I</u>

<u>Varias semanas atrás</u>

Gideón, el futuro líder de los partos lloraba amargamente mientras observaba como había quedado su pueblo. Personas heridas, muertas y capturadas por los malditos romanos que habían sido guiados hasta ellos por la mano de un perverso traidor.

Ciudades enteras incendiadas y destruidas por culpa de esos malévolos soldados.

En una de las pocas tiendas que habían quedado sanas, tirado sobre un sucio camastro, yacía Agrón, su padre, esperando que la muerte viniera a buscarlo.

-Me lo merezco-susurró el Rey de los Partos con un hilo de voz. ¡Nunca pude ser tan confiado! Por culpa de mi soberbia ,nuestro pueblo ha quedado desbastado. ¡Merezco qué el fuego me queme por toda la eternidad!

-Por favor ,padre, deja de castigarte, ¿cómo ibas a imaginar que tu mano derecha, casi un hermano sería capaz de algo así?-intentaba consolarlo Gideón.

-El único consuelo es que su cabeza yace en la punta de mi lanza. ¡Nunca imaginé que Varro fuera capaz de tal barbaridad! ¿Cómo no percibí la envidia en sus zalameras palabras?

-Y Cruxis, ¿qué habrá sido de él?-recordaba Gideón en silencio recordando al hombre de profundos ojos negros que tanto amaba.

-No viviré mucho más-comentó de pronto Agrón recobrando las fuerzas.Te ruego que tengas cuidado, y te prepares para el ataque de los Romanos ya que no demorarán en regresar. Nunca nos perdonarán que alguna vez, fuimos más que ellos. Debes armar el ejército, y preparar una emboscada, muy pronto el Emperador Tiberio enviará más legionarios.

-Debo salvar a Cruxis-sollozó en voz baja.Sabes que él era muy preciado por mí.

-Deja de portarte como un niño llorón ,eres el líder ahora. Y debes llevar a tus hombres a la victoria. ¡Eres el nuevo Rey!

-Estás vivo, padre y mejorarás. Tú llevarás a cabo la venganza y nos guiarás al triunfo.¡ Saldremos victorioso como siempre lo hicimos!!

-Eso no será posible-musitó el hombre escupiendo sangre. Mis horas o minutos están contados. Pero en cambio tú, eres gentil y valiente como ningún otro hombre. Confío en tu coraje.

- Quizá haya más traidores entre nosotros-murmuró Gideón en voz baja.

-Por eso estamos solo tú ,yo y dos hombres de plena confianza aquí platicnado.Debemos pensar en un plan, y como te dije, ya casi no me queda tiempo en este mundo.

-No ,padre, debes sanar-gimió Gideón cayendo a un costado del precario lecho.¡No podré lograrlo solo!

-Estos hombres de aquí te ayudarán , confía en ellos-indicó Agrón a los hombres que los contemplaban con pena.

-Está bien ,eso haré. Seguiré tus consejos-se levantó el robusto joven de veinte años. Llevaré a nuestro pueblo nuevamente a la gloria y recuperaremos el honor que nunca debimos perder.

-¿Que es ese escándalo?-comentó de pronto Agrón indicando con una mano que hicieran silencio.

-No he escuchado nada, padre-comentó Gideón.-Seguro divaga-comentó a los hombres que se miraron disimuladamente.

-Creo que los Romanos han regresado, ve hijo, ordena a tus hombres. ¡La hora ha llegado demasiado pronto!- vociferó Agrón intentando sentarse sobre el camastro.

-Deliras ,padre. No hay nadie por aquí-susurró Gideón empujándolo delicadamente sobre los manchados almohadones.

-Tu padre tiene razón , Gideón.Parte del poderoso ejército de Tiberio está aquí. Los tiempos cambiaron , y Roma, es el mundo-agregó uno de ellos cortando la cabeza de Agrón sin miramientos. Ahora tu padre ha dejado de sufrir, y no verá lo que está por ocurrir.

-También ustedes , a quién consideré mis hermanos, fueron capaces de entregarnos-fueron las últimas palabras que alcanzó a gritar el futuro líder de los partos antes de que los Romanos ingresaran en la tienda.

-Perdónanos,Gideón,pero el mundo es otro ahora. Y Roma avanza cada vez más, solo una lanza podía salvarnos ,y tu padre no supo comprenderlo-explicó uno de los hombres. Entrégate y tendrás el respeto que mereces.
-Prefiero morir que vivir como un indigno esclavo-gritó Gideón levantando su espada para atacar a los soldados en los cuales su padre había confiado su vida.
-No podrás con nosotros, solo eres una mujercita amante de Cruxis,nada vales sin él-carcajeó uno de los hombres.
-Pues ahora verás tu error-exclamó cortándole la cabeza de una sola vez.
Inmediatamente , más legionarios entraron al precario recinto para intentar detener a Gideón, quien tras tirar una antorcha encendida sobre los hombres , huyó hacia el campo, con la idea de ordenar a sus hombres para una nueva lucha contra los Romanos.
-No puede ser-sollozó al comprobar a los pocos soldados partos que quedaban en pie.

-Detente-ordenó quien parecía ser uno de los jefes principales del ejército.Sé quién eres , Gideón , el líder de este pueblo de salvajes.

-Estamos en desventaja, no te reconozco-gritó una transpirado Gideón.

-General Julio Rómulos,máxima autoridad de esta legión. Ríndete y salvarán sus vidas.Podemos llegar a un acuerdo.

-Nunca, somos un pueblo guerrero y así moriremos, peleando.

-Como gustes-sonrió Julio Rómulos. Quise devolverte tu rango y no me dejaste. Ahora, solo deseo llevarte como ofrenda a mi Emperador. Debo reconocer tu coraje.

-No lo lograrás-rugió este tirándose sobre el General .Únicamente podrás llevarle mi cadáver, cobarde.

-Ah ,por cierto .Cruxis fue muy valiente cuando lo torturamos. Casi no logramos sacarle una sílaba- vociferó Rómulos sin dejar de luchar.

Gideón bajó la espada al escuchar el nombre de su amado y casi enseguida, sintió que todo comenzaba a girar. Hasta el momento ,tenía la esperanza de encontrarlo con vida, pero ahora, sabía que todo estaba perdido.

-Cruxis…mientes.

-Su cabeza ocupa el primer lugar en la entrada de Roma, era tan bello que decidimos ponerlo primero sobre una larga lanza. Lo verás en cuanto llegues-gritó dándole un terrible golpe que logró desmayar al hombre.

-General, hemos logrado atrapar a casi todos. Algunos lograron huir, pero son los menos-le avisó un subalterno en ese momento.

-Excelente, pero envía a varios hombres detrás de ellos , no debe quedar uno solo en libertad.Es un pueblo de bestias indignas y traidoras.

-Ya doy la orden-asintió el hombre.

-Hazlo y regresa enseguida. Debemos encadenar firmemente a todos los que están vivos, incluso niños y mujeres...Nos espera un agotador viaje.

-En seguida ,Señor.

-Un minuto. Primero sujeta a este que es muy peligroso. Pediré permiso al Emperador para quedarme con él, será un placer verlo convertirse en un solícito esclavo.

-Como digas-asintió el hombre haciendo el saludo correspondiente.

-¿Qué esperas? ¡ÁTALO ANTES QUE DEPIERTE!

-Perdón ,Señor. Creí que…

-Deja de hablar y obedece. De cualquier forma, maltrechos como están ,los que aún se encuentren vivos no llegarán muy lejos.

-Tienes razón, General-concordó el soldado mientras cumplía la orden de su superior.

Un golpe de agua fría despertó a Gideón que sentía que su cuerpo estaba hecho pedazos. A los profundo dolores físicos , acompañaba el sufrimiento moral, no había sido capaz de salvar a su pueblo tal como prometió a su padre antes de morir.

-Parece mentira-sollozó abriendo los ojos. Mi pueblo despedazado y lo único que hago es pensar en Cruxis. ¡Quisiera tanto irme con él!-sollozó.

-Levántate ,esclavo-gritó en ese momento Julio Rómulos.Partimos para tu nueva casa, Roma.

-Tendrás que matarme si deseas que te siga-exclamó con altanería. Soy el hijo de un Rey , simplemente no tuve oportunidad de demostrar mi valor. Pero debes tener claro que si no me matas, te asesinaré en cuanto tenga oportunidad.

-Me gusta tu orgullo ,por eso he deseado conservarte en mi casa, cómo mi sirviente personal. Será mejor destino que luchar en algún anfiteatro o ser destrozado por los leones para divertir al populacho-río Julio.

-Me quitaré yo mismo la vida antes que eso ocurra. No seré payaso de tu circo, Romano-le escupió el rostro con firmeza.

-Escucha bien lo que voy a decirte: Si no obedeces torturaré y mataré a tu pueblo, uno por uno delante de tus ojos. Serás el culpable de su muerte Así que decide-susurró poniendo el cuchillo en el cuello de una joven que suplicaba piedad con la mirada.

-Pagarás por esto. Te lo juro-afirmó Gideón comenzando a levantarse.

-Excelente -sonrió Julio tirando a la mujer con los demás prisioneros. ¡Viva Roma y sus legionarios!-gritó levantando su espada al cielo.

-Viva -se escuchó un ensordecedor grito que hizo temblar hasta la pálida luna.

La desconsolada caravana de esclavos avanzaba con un ritmo lento y angustiado que los Romanos se encargaban de apurar a fustazos.

-Avancen ,bárbaros -gritaba cada tanto algún soldado siendo coreado por sus compañeros.

Sin hacer ningún gesto,Gideón ,seguía a su gente como si no la viera, su semblante no reflejaba ninguna emoción ni sentimiento. Muerto de sed y rasguñado por las numerosas veces que había caído en el arenoso camino, solo pareció revivir al divisar el último lugar donde se había amado con Cruxis.
-Parece que el viento me trajera su voz -musitó esbozando una frágil sonrisa.

"Te amo, Gideón.Pero un futuro Rey debe tener una compañera y engendrar hijos. Lo nuestro es imposible.
-Un futuro Rey puede hacer lo que desea, aun renunciar si su pareja no es aceptada.
-¿Y qué harás entonces? Nos expulsarán, incluso pueden matarme para que no sea un estorbo en tu vida. Aunque prefiero la muerte a vivir sin ti.
-Conozco a mi padre y no hará nada de eso.Además,tiene otros hijos por allí.Cualquiera de ellos aspiraría a ser Rey.

-Pero ninguno es como tú.Él te ama , Gideón , y será difícil que renuncie a ti.

-No nos preocupemos ahora. Mira la luna y las estrellas que confluyen para que nos amemos una vez más. No desperdiciemos el tiempo.

-¿Renunciarías a tu cargo por mí?

-Por ti, renunciaría a todo, te amo ,Cruxis , nunca lo olvides.

-También yo , mi Rey."

-Ah ,tú, camina,¿o deseas recibir más latigazos?-gritó un soldado levantando su fusta hacia el hombre.

-Cállate, cobarde-vociferó Gideón sacudiendo el brazo del descuidado soldado hasta hacerlo caer al suelo.

-Soldados, ayuda -gritó este cayendo sobre unos matorrales.

-Idiota- se burló el prisionero. ¿Tienes miedo a un hombre encadenado?

-Nadie llama cobarde a Suetonio -retrucó el legionario mientras otro compañero intentaba ayudarlo.

-Suéltame , Petrus, este tipo deba recibir su merecido-indicó levantando un látigo.

-Déjalo, quieto, dijo el llamado Petrus . Cuando lleguemos a la ciudad recibirá su merecido.

-Eso no lo pongas en duda -afirmó Suetonio.

Gideón sonrió irónicamente a los dos soldados, que atemorizados por la extraña mirada del hombre decidieron retroceder.

-¿Qué está pasando aquí?-se acercó Julio montado soberbiamente en su caballo azabache.

-Ese prisionero quiso matarme. Me tiró al suelo e intentó ahorcarme con su cadena-se justificó Suetonio.

-¿Y qué haces aquí si ni siquiera puedes defenderte de un hombre atado?-se burló Julio.¡A Tiberio no le gustará enterarse de esta estupidez!

-Señor, yo…no volverá a ocurrir -rogó Suetonio.

-Más te vale, o tendré que retirarte del grupo. ¡Conmigo únicamente luchan los mejores!¿ Quedó claro?

-Por supuesto-asintió Suetonio sintiendo que su
rostro hervía de rabia.

-¡A trabajar entonces! No toleraré un error más-
gritó marchando hacia el freten del batallón.

El hombre contempló con odio a Gideón y
siguió a su jefe mientras Petrus murmuraba en
la oreja de Gideón.

-Volveremos a encontrarnos.

-Puedes estar seguro. Y esa vez, no les será tan
fácil escapar-agregó Gideón sintiendo que un
desconocido fuego comenzaba a encender su
vació corazón.

-Hasta entonces-exclamó Petrus espoleando a
su caballo para alcanzar a su compañero.

-Suetonio, Petrus,Julio, ríanse, festejen ,porque
sus horas están contadas-murmuró Gideón
observando la vistosa urbe que se extendía
detrás de unas colinas.

*" Todos los hombres pueden errar, pero insistir
en el error es solo propio de los necios."*

Cicerón

Capítulo II

Presente

-Sabes que Julio Rómulos ha llegado. Y te ha traído una larga fila de prisioneros, no es bueno que lo hagas esperar -comentó Sila, el secretario principal de Tiberio
-Finalmente lo consiguió,pensé que no lo lograría-comentó el Emperador sintiendo una especie de dicha y fastidio a la vez. Sabes que Julio no goza de mi simpatía. Ahora estamos en sus manos.
-Lo sé, Gran Señor. Pero debes reconocer que su mérito fue impresionante. Nadie imaginó que lo lograría. Fue con la mitad de las legiones que generalmente concedes para estas conquistas.
-Por eso lo recibiré, no quiero que digan que el Gran Tiberio es injusto .
-Nadie se atrevería, Gran Señor.

-¿Estás seguro, Sila?

 -Quiero suponerlo, Tiberio-sonrió cortésmente.

-Que pase-asintió el Emperador haciendo un gesto de incredulidad. Llama al Senador Lucio Pompeu ,me gustaría que me acompañara en este momento y me ayudara a decidir como debo actuar-comentó el Emperador recordando a su querido y fiel amigo.

-Enseguida. Mientras lo busco, hazlo pasar, o como bien dijiste, comenzarán las habladurías.

-Que pase el General Julio Rómulos-ordenó.

En ese momento, se abrieron las puertas del Palacio Imperial y El General Julio Rómulos entró seguido de sus leales Suetonio y Petrus.

-Tu servidor Julio Rómulos te saluda, y te anuncia su victoria. Hemos traído cerca de cinco mil prisioneros-se inclinó el hombre fingiendo humildad.

-Creí que eran muchos más-comentó un indolente Tiberio tratando de quitarle importancia a la hazaña.

-Demasiados para el número de hombres que me otorgaste-respondió este sarcásticamente.

-Me refiero por la multitud que vi desde el
balcón. Como recompensa, serás puesto a
cargo de las principales legiones del Imperio y
recibirás una importante dotación económica.
¿Estás de acuerdo?

-Si, Señor, quedo muy agradecido por el honor.
Pero me agradaría que anunciases al pueblo mi
gran victoria.

-¿No crees que estás siendo demasiado
exigente con tu Emperador ?-comentó un
amenazante Tiberio.

-Disculpa, Gran Señor. Pero es bueno que la
gente me conozca y tema Tienes muchos más
enemigos rodeando a Roma,¿ y quién mejor
que yo para derrotarlos?

-Pensaré la mejor manera de resolver este
tema.

-Confío en tu justicia divina-asintió Julio.

-Haces bien. En cuanto lo decida te lo hará
saber inmediatamente.

-Algo más-agregó Julio.

-Vaya, vaya-suspiró Tiberio ya sin ocultar su
molestia. Habla de una vez.

-Quiero la conducción absoluta de todo el ejército. Algo así como un Cónsul Especial, con poderes extraordinarios.

-¿No crees que pides demasiado? -insistió Tiberio.

-No-afirmó Julio con altanería.

-Podría matarte aquí mismo por tu irrespetuosidad.

-Pero no lo harás, sabes que me precisas. Y el ejército me apoya, los he llevado a demasiadas victorias con muy pocas pérdidas.

-Está bien. Lo discutiremos con el Senado-asintió Tiberio molesto.

-Tú eres el Senado, Tiberio. Puedes decretarlo ya mismo si es tu voluntad.

-De acuerdo-decidió.Te haremos los honores que deseas esta tarde.Habrá que distribuir a toda esa gentuza que trajiste entre los mercaderes de esclavos Sabrán que hacer con ellos.Por supuesto, con una gran retribución económica para el Imperio.

-Eso ni que hablar-asintió Julio.Además,me encargaré yo mismo de elegir a los mercaderes más serios.

-Esperaba esa respuesta-sonrió Tiberio con frialdad.

 -Pero si me permites , me gustaría quedarme con uno de los prisioneros. Es muy rebelde, y no queremos que haya más problemas en nuestra ciudad, ¿verdad? Además, se dice que era el amante de Cruxis, el rebelde que tuvimos que ejecutar por su irrespetuosidad y rebeldía.

-No me molesta que te quedes con el prisionero, aunque me gustaría verlo, me llama la atención tu interés por este. Nunca te vi atraído por un prisionero.

-Imagine que estarías interesado en conocerlo y está esperando en la puerta. .Traigan a Gideón-ordenó Julio.

-Enseguida ,Señor-acotó Petrus.

Inmediatamente el magullado hombre fue arrastrado hasta el salón imperial, y tirado a los pies de Tiberio.

-Saluda a tu Emperador, bestia-ordenó Julio.

-No es mi Emperador, es el tuyo-respondió contemplando a Julio con odio.

-Vaya, tenías razón. Este hombre parece muy peligroso. Quizá habría que sacrificarlo , así nos evitamos males mayores.

-Creo que sería lo más coherente-anunció el mismo Gideón clavando su oscura mirada en Tiberio.

-Dame tiempo y lo domaré, Señor, te lo prometo. Solo necesita saber quién manda.

-Tienes un mes. No me gusta su carácter. Si no lo logras, irá a los leones. O a las luchas, con ese odio tan fuerte que demuestra será un excelente gladiador-aceptó el Emperador.

-Lo traeré en el plazo previsto para que observes los cambios.Te prometo que no lo reconocerás.

-Eso espero. Y más tarde, prepararé una ceremonia en honor a los Dioses, que te otorgaron esta victoria.

-No olvides nombrarme,Señor.Tú eres su representante en la tierra, puedes interceder ante ellos.

-Lo tengo bien claro.Ahora márchate con ese animal.Y ponle mucha atención,
temo ese hombre pueda causar disturbios en Roma.

-¿Tanto miedo tienes a un hombre solo?-retrucó Gideón.

-Debería cortarte la lengua y mandarte azotar. Pero prometí a nuestro futuro Cónsul que lo dejaría enmendarte.No me obligues a cambiar de opinión. ¡Al fin llegas!-exclamó Tiberio dando por olvidado el tema.

-Señor , vine tan pronto pude. Pero mis asuntos laborales me detuvieron-comentó en ese momento otro hombre de aspecto delicado entrando apresuradamente.

-Querido Lucio-saludó Tiberio cambiando la dureza del tono apenas divisar al hombre.Simplemente quería anunciarte el triunfo de Julio ante los bárbaros. Y como recompensa, ha solicitado un cargo especial ,digamos, ¿Cónsul?

-¿No es demasiado?-preguntó Lucio. Hace tiempo no otorgamos un cargo de tanta jerarquía.

-Haremos una excepción-reiteró Tiberio con un tono que no daba lugar a dudas.

-Felicltaciones,General-acotó Lucio con antipatía.¿Y quién es ese infeliz tirado en el suelo?

-Un peligroso prisionero que obsequié a nuestro General,perdón Cónsul, con la condición de que lo domesticara en un mes.

-¿Y qué tiene de especial este prisionero?-susurró acercándose hasta el hombre.

-Es el hijo del Rey Parto. Además, quiso matar a dos de los nuestros,Suetonio y Petrus.

-Difícil pueda asesinar a alguien en esas condiciones-agregó trayendo una vasija con agua. Toma un poco de agua, prisionero, seguro tu humor cambiará con un poco de líquido fresco.

-Mi nombre es Gideón,Príncipe de los Partos -escupió mirando con rabia los azules ojos del Senador.

-Trata con debido respeto al Senador Lucio
Pompeu-vociferó Tiberio
-De acuerdo,pero ahora bebe, necesitas
hidratarte -insistió este sin amedrentarse.
-Aléjate de mi esclavo-gritó Julio.
-Déjalo beber, ¿no ves que este pobre hombre
está casi muerto?-explicó el disgustado
Senador.
-Una vez beba, salvo Lucio, se irán todos de
aquí. Todo este asunto me ha agotado. Y tú
,Julio encárgate de los prisioneros como
prometiste.
-Así será-señaló Julio inclinándose ante su
emperador. Nos vemos luego. Que tengas un
buen día,Lucio.Vamos,ordenó a los hombres
que lo acompañaban.
-¿Cres que hiciste una buena elección
ascendiéndolo? Sabes que Rómulos es capaz
de matar a sus hijos por un poco de poder.
-No tuve más remedio. Hizo una gran conquista,
él pueblo se preguntaría el motivo de que no sea
recompensado adecuadamente.
-Tienes razón-asintió Lucio

- Y por eso mismo te mandé llamar.

-Dime-preguntó el Senador extrañado.

-Quiero que lo vigiles, que seas su sombra. No lo pierdas ni por un segundo.

-Gracias por tu confianza, así será.

-Bien , y ahora dime, ¿Cómo sigue tu esposa e hijo?-preguntó amablemente Tiberio.

-Seguimos en la búsqueda de un buen médico. Él pequeño Marcos no ha logrado recuperar la vista que perdió desdé el dio que cayó del caballo. Hace ya cinco años que no ve.

-¿Y qué edad tiene ahora?-preguntó Tiberio.

-Pronto cumplirá nueve.

-Seguiremos buscando los mejores galenos del Imperio. Te prometo que no desistiré hasta que tu hijo recobre la vista.

-Gracias,Señor,por tu gentileza.

-Es lo que corresponde. Tú eres mi mejor amigo y Marco es mi ahijado-asintió Tiberio.

-Todo un honor-comentó Lucio sacando una sonrisa al Emperador.

Gideón fue llevado a casa de Julio y entregado en manos de un hombre que parecía tan cruel como su amo.

-Villius,este es Gideón.Lo dejo en tus manos para que lo entrenes como servidor de la casa.Quiero que sea humilde y respetuoso como todos nuestros sirvientes-anunció Julio a su Capataz.Puedes utilizar el método que creas más conveniente,pero ten cuidado, es un hombre muy difícil.

-No te preocupes, amo. Déjalo a mi cargo, cuando acabe con él, será tan dócil como un cachorrillo.

-Estupendo. Avísame de sus avances-se retiró Julio. Y por ahora no le quites las esposas , es muy bravo.

-Como digas, pero no hay esclavo que se haya resistido al gran Villius.

-Eso lo confirmo ampliamente Por eso, eres el jefe de todos los siervos de la casa.Y mi administrador principal.

-Gracias por el honor ,Señor-acotó Villius.Ya oíste al amo ,ahora sígueme-indicó el Capataz dándose la vuelta.

-No te será tan fácil hacerme obedecer -advirtió Gideon pasándole las manos con las cadenas por el cuello.

-Auxilio-gritó el hombre desesperado.

Al instante varios hombres vinieron a ayudar a su compañero, y tras un gran esfuerzo, lograron quitarle a Gideón de encima

-Eres realmente un animal. Tendré que ser bien duro contigo.

-No digas que no te advertí-sonrió Julio que se había acercado al escuchar el griterío. Te aconsejo que duermas con los ojos abiertos.

-Cien latigazos para el reo. Y no se le dará comida ni agua en todo el día. Sé dará el mismo castigo a quien desobedezca.

-Muérete ,esclavo, ¿o acaso te crees superior porque estás al mando de estos desgraciados?-inquirió Gideón.

-Hagan lo que les digo-susurró Villius pasándose las manos por el marcado cuello .No dejaremos que este esclavo se convierta en un agitador , Roma ya tuvo demasiado con uno-comentó recordando la antigua historia de Espartaco.

Luego del castigo indicado, Gideón fue tirado en una celda tipo cobertizo aislado de los demás esclavos.

-Aprenderás, puedes estar seguro-advirtió Villius.

-Eso lo veremos-lo enfrentó.

.Estaba intentando dormir,cuando sintió que alguien le levantaba la cabeza con suavidad apoyándole sobre los labios una vasija de agua.

-Bebe,esclavo.O morirás.

-Me llamo Gideón-musitó con un hilo de voz.

-Sé quién eres-sonrió una mujer mirándolo con dulzura.

-¿Quién eres?-comentó con extrañeza.

-Eso no importa. Bebe de una vez.

-Sabes que no debes estar aquí o te castigarán-murmuró a la mujer que ahora le pasaba un lienzo limpio por las sucias heridas. El tal Villius ordenó que nadie se me acercara.

-No se atreverá conmigo , soy la concubina de Julio, y este me ama demasiado para asesinarme.Pero por las dudas, me apuraré-aceptó.

-¿Y por qué te tiene aquí, entre los esclavos comunes ?

-Para protegerme, si su esposa se entera que somos amantes me asesinaría.Tengo todo lo que quiero, pero no debo hacerme notar.

-Sácame de aquí y ven conmigo. Tienes todo, menos lo más importante, la libertad.

-¿Escuchas cantar a esos pájaros?-preguntó sorpresivamente.

-Si, creo que oigo algo.

-Son canarios de raza que cría Julio. Están acostumbrados a su jaula de oro, una vez uno escapó y al otro día estaba de vuelta.No saben vivir en libertad.

-Comprendo la moraleja ,pero yo te enseñaré.

-Prefiero quedarme aquí, aunque te ayudaré a huir. Tú no naciste para este sitio. Y ahora me voy o me descubrirán.Julio podría estar buscándome -sonrió la mujer abriendo la celda.

-Espera,no me dijiste tu nombre.

-Eso no importa, ambos correríamos peligro si te lo revelo. Regresaré mañana.

Casi dos semanas más tarde, Gideón continuaba tan rebelde como el primer día. Ni la falta de comida, ni el encierro en mazmorras, ni las amenazas había logrado doblegarlo.

-Y bien, Villius ,¿cómo va el esclavo nuevo? Me han contado que no has hecho grandes progresos. Si en menos de veinte días no lo domesticas terminará en el circo.Y no quiero que eso suceda.

-Es increíble, Señor Nunca vi algo igual. Cuándo parece que va rendirse , se levanta otra vez.

-Insiste. No me gustaría perderlo. Si el día veintinueve no se rinde lo asesinaremos .No reconoceré mi derrota ante Tiberio, y menos ante Lucio-masculló Julio rabioso sin ver que su amante estaba por los alrededores.

-¿Y qué dirás?

-Que quiso huir y los hombres lo mataron. Nada más. Tiberio no preguntará demasiado sobre el tema. Si fuera por él , Gideón estaría muerto desde el primer día.

Gideón abrió los ojos y se encontró con la sonrisa de la misma mujer que se acercaba casi todas las noches a traerle comida y agua.

-Hola-sonrió esta entrando a la celda. ¿Como has estado?

-¿Qué te parece ? Hoy he sido azotado, arrastrado por caballos,solo queda que me maten.Y creo que no lo hacen porque Julio está encaprichado en mantenerme con vida y demostrar que puede dominarme.

-Estás en lo cierto, por eso sería bueno que finjas ceder ,así te darán mas confianza y podrás huir cuanto Villius se descuide

-Eso no pasará, ni una cosa ni la otra.Voy a matar a Villius y a Julio, liberaré al mundo de dos plagas a la vez.

-Imaginé que dirías algo así. Así que voy a ayudarte ya mismo-asintió la mujer.

-Escucho pasos-gimió Gideón.Busca algún sitio para esconderte, ya no tienes tiempo de huir.
-Tienes razón. Me esconderé tras esa piedra-señaló una especie de roca en la celda. Cierra los ojos como si estuvieras dormido.
Gideón aceptó las palabras de la mujer y fingió descansar, abriendo los ojos al presentir la figura de Julio tras las rejas. A su lado ,Suetonio y Petrus sonreían sin mover los labios.
-Así que aquí está la bestia indomable. Pues te diré una cosa: Si en veinte días no cedes te asesinaré luego de torturarte con máxima crueldad .Nunca lograrás huir de mí.
-¿Crees que puedo escapar en estas condiciones?-susurró Gideón.
-Ríndete y tendrás una vida mucho más facil.Podrías integrar mi guardia personal,ser mi hombre de confianza.
-Nunca .Soy un hombre libre ,y moriré como tal .Revienta , cobarde-gruñó Gideón.
-Como gustes, te quedan diecinueve días para pensarlo.Vamos -ordenó a sus hombres.

Varios minutos después de que se fueran , la mujer salió de su escondite y se inclinó ante el prisionero.

-Voy liberarte ya mismo , no hay otra forma de que vivas-susurró quitándole las esposas. Espera un rato, yo entretendré a Julio así podrás escaparte. Villius duerme dos habitaciones más adelante, y se emborracha con frecuencia así que es difícil que te escuche. Reconocerás su habitación porque tiene dos guardias de piel negra en su puerta . Trata de no hacer demasiado ruido, no me dio el tiempo de conseguirte una espada.

-Eso no será problema para mí-sonrió el guerrero.

-De acuerdo. ¡Buena suerte!

 -Al fin me iré sin saber a quién le debo mi vida.

-Soy Vania, pero olvídame , Guerrero.Ah, Cruxis habló muy bien de ti antes de morir. Y te amaba mucho.

-¿Lo conociste?-sollozó Gideón.

-Lo tuvieron encerrado dos días prisionero antes de cortarle la cabeza, querían sacarle toda la información posible .Pero no dijo ni una palabra. Murió como un valiente.

-¡Pagarán por lo que hicieron! gimió el hombre.

-Recuerda:Espera un rato y huye.Vuelve a tu libertad, a tus bosques. Olvida toda esta pesadilla-comentó la mujer saliendo hacia el húmedo corredor.

-Así lo haré-sonrió acariciándose las libres muñecas. Pero antes , tengo varias cosas que resolver-susurró escuchando cantar a los pájaros prisioneros.

.

" La suerte está echada"
Julio César

<u>Capítulo III</u>

Gideón comenzó a avanzar cautamente por los solitarios pasillos con la idea de cumplir varios objetivos antes de dejar para siempre la casa de Julio.

-Dos habitaciones más adelante, guardias negros .Allí es la habitación de Villius,el problema es como entrar-pensó el prisionero observando el panorama desde un recoveco formado por una pared. Se me ocurre una idea-silabeó prestando atención a un busto del dueño de casa muy cerca de donde él se encontraba. Agachando su enorme musculatura, casi gateó hasta la misma , y utilizando toda su fuerza ,logró tirarla abajo.

-¿Escuchaste eso?-preguntó uno de los guardias.

-Sí, iré a ver que sucedió. Quizá fue el viento que tiró algún alambrado.

-Me apreció algo más pesado que lo que aduces. Ten cuidado, quedaré atento.

--Bien-asintió recorriendo el corredor hasta encontrar el busto caído.

-Extraño, no puede haberse caído solo ni por el viento -rezongó agachándose dispuesto a levantarlo.

-Tienes razón , no lo tiró el viento -susurró
Gideon apretando el cuello del hombre con sus
fuertes manos . El guardia trató de soltarse ,pero
tras una corta lucha ,cayó muerto al lado de la
estatua.
-Auxilio-logró silabear casi si voz.
-Ahora será más fáci,tengo ropa y espada-sonrió
Gideón acomodándose rápidamente la ropa del
muerto.
-¿Viste algo raro?-preguntó el otro guardia sin
distinguir de lejos quien se acercaba.
-Nada-agregó Gideón cortándole de una sola
vez la cabeza al descuidado hombre.
De inmediato , golpeó en la puerta de Villius y al
no recibir respuesta, empujó la puerta con
suavidad.
-Los Dioses están conmigo-sonrió entrando a la
habitación apenas iluminada con una tenue vela.
Sin detenerse ,caminó hasta un decorado
camastro y tras sacarse el casco de metal,
observó pacientemente dormir a Villius.

-Debo estar soñando, más bien tengo una pesadilla. ¡Guardias!-intentó gritar al reconocer a Gideón.

-Te esperan en el inifierno.Por Cruxis -vociferó clavando la espada en el pecho del hombre que comenzó a sangrar estrepitosamente. Buen viaje,"Señor"

-Socorro-balbuceó Vilius antes de morir

- Debo apurarme a encontrar los aposentos de Julio , muy pronto descubrirían esta masacre- exclamó mientras corría en busca de la salida. El hombre siguió corriendo en busca de la habitación , hasta llegar a un amplio patio que conducía a las habitaciones principales.

-Querido Julio, tus horas están contadas. Agachado entre los arbustos que rodeaban la vivienda , Gideón llegó hasta la puerta principal, y la empujó hasta romper el cerrojo.

-Debo tener cuidado-comentó distinguiendo a los guardias caminando por el lugar. No debo hacer ni un ruido. Quizá pueda saltar por alguna ventana. Sigilosamente comenzó a recorrer el lugar ,hasta que encontró lo que parecía ser una entrada subterránea. Sin titubear ,se metió por el oscuro agujero y continuó su camino hasta la salida de la misma, que parecía dar al vestíbulo principal de la vivienda.

-Brixo -escuchó que un guarida gritaba.Cuida a Julio .El prisionero escapó, y asesinó a Villius y a dos de los nuestros.

Debemos dar aviso-respondió el otro.

-Será difícil reconocerlo , se puso la ropa de uno de los guardias.

-Debe haber una forma-dijo el otro pensativo.

-Pues no la hay-exclamó Gideón lanzando un grito sobrenatural mientras caía velozmente sobre los hombres;que en menos de unos segundos cayeron muertos sin llegar a comprender lo que había sucedido.

-Perfecto .No debo olvidar los pájaros-sonrió corriendo hacía los jaulones que se ofrecían a su paso.Al fin serán libres -gritó abriendo las puertas de la mayoría de las jaulas. Vuelen chicos, no paren hasta el cielo .Ahora es tu turno, Julio Rómulos.

Estaba buscando la habitación del General ,cuando de pronto el hombre se cruzó sorpresivamente en su camino.

-¿Por qué gritan mis pájaros? ¡Los han soltado!-gritó desesperado sin reconocer a su enemigo.

-Todo tenemos derecho a la libertad-exclamó Gideón.

-¿Y tú quién eres? No te reconozco. ¿Gi-gideón?-susurró cuando este dejó ver su rostro.

 -Te dije que me cobraría cada una de tus burlas. Hasta nunca, cobarde-gritó cortándole el cuello.

-Suetonio,Petrus-gimió-tomándose la garganta con las manos.

-Parece que te han abandonado.Luego me ocuparé de ellos.

Corriéndolo a un costado con un pie, continuo su marcha ,hasta encontrar a Vania.

-Vamos, huye conmigo. Comenzarás otra vida en los bosques.

-Lo siento, pero no puedo. Esta ha sido siempre mi casa.

-Mira, hasta los pájaros se fueron-comentó intentando convencerla.

-La mayoría regresará en poco tiempo. Fuiste muy audaz en tu conducta,pero huye ahora mismo. Hasta el mismo Emperador se enterará muy pronto de este desastre.

-Adios.Nunca olvidaré lo que hiciste por mí. Pero como bien dices, debo escapar mientras pueda.

-Cuídate, querido-sonrió la mujer besándole la mejilla.Que los Dioses sean tu guía.

-También los tuyos-asintió continuando su marcha.

El rumor y el escándalo por lo sucedido comenzó a recorrer la casa , al mismo tiempo que los llantos y gritos flotaban por doquier. Gideón cubrió su rostro nuevamente por el casco de acero, hasta volver a confundirse con un guardia más.

Finalmente, llegó a la todavía oscura calle y comenzó a correr por los desconocidos laberintos, hasta que agotado, decidió descansar entre unos mendigos que acostumbrados a los extraños, ni le prestaron atención.

Tal como había vaticinado Vania, no pasó demasiado tiempo hasta que las noticias de lo sucedido llegaran hasta Tiberio.

-Señor, Señor-sacudió un guardia al Emperador quién dormía plácidamente. ¡Despierta!

-¿Estás loco?-bostezó el hombre. Recién me acosté, todavía está oscuro.

-Es que ha ocurrido una tragedia. Han asesinado a Julio Rómulos.Y también a su esposa, y varios guardias, incluso los esclavos han huido aprovechando la confusión.

-¿Cómo pudo haber sucedido eso?-se levantó el hombre de un salto.

-Parece que el nuevo esclavo fue el causante de la masacre.

-Sabía que dejarlo con vida no traería nada bueno. Que lo busquen por todos lados, nadie debe salir ni entrar de la ciudad hasta que aparezca. .

-¿Y qué hacemos con la casa de Julio?

-Manden algunos guardias para que controlen lo que ocurrió, y otros para que busquen al esclavo parto ,esto último es lo primordial.

-Como digas ,Señor. Vamos de inmediato.

-Y llamen a Lucio Pompeu, necesito su consejo- ordenó Tiberio comprendiendo con claridad la magnitud de lo que había ocurrido.

Obedeciendo las órdenes de su Emperador, varios guardias comenzaron a recorrer las calles de la ciudad, hasta que hallaron la armadura que Gideón había dado a los mendigos a cambio de ropa vieja. Solo había conservado su espada por cualquier enfrentamiento.

-¿De dónde sacaron esto?-preguntó un soldado a un joven que jugaba con el casco.

-Un extraño pasó por aquí y la entregó a cambio de unos trapos viejos.

¡Perdónalo, Señor. Es solo un niño!

-Dígnanos como era ese hombre y salvarán su vida. Caso contrario tendré que llevarlos a todos.

-Alto, de cabello oscuro, y ojos negros como el infierno.

-Es él-gritó otro de los soldados. No puede estar lejos.

¿Vieron para dónde fue?

-Hacia aquel lado-señaló una niña que jugaba en la calle.

Gideón corría desesperadamente por salvar su vida , cayendo al suelo al sentir una terrible puntada sobre su pierna.

-Allí está-escuchó que alguien gritaba. ¡Lo tenemos!

El herido se levantó e intentó seguir corriendo, intentando sortear los numerosos soldados que aparecían por todos lados.

-Espérame.Cruxis, voy tras de ti-gritó dirigiendo su espada hacia su propio cuello.

-De ningún modo te irás sin enfrentar tu castigo-escuchó que alguien gritaba al mismo tiempo que un golpe sacudía su cabeza. Sin proferir una palabra, cayó pesadamente sobre la húmeda calle.

.Átenlo-comentó otro soldado. Lo llevaremos ante el Emperador que sabrá qué hacer con él. Gideon abrió sus ojos, y tras una leve vacilación comprendió que había sido atrapado. Nuevamente, estaba delante del gran Tiberio que lo miraba con su fruncido entrecejo.

-Volvemos a encontrarnos, y según me cuentan no en las mejores condiciones.Parece que hiciste una matanza en casa de tus amos.¿Es cierto eso?

-Solo hice justicia. Y no tengo amos.

-¿Justicia es matar a niños inocentes y mujeres?-gritó Tiberio.

 -Solo aniquilé a quienes se lo merecían,no soy como los Romanos,un asesino de niños y mujeres-vociferó Gideón.

-Así que ahora nos tratas de asesinos,
llévenselo al circo. Será tirado a los leones en la
próxima festividad. ¡Pobre Julio, le duró muy
poco el cargo de Cónsul! Pero le avisé que eras
peligroso. En fin , llévenlo-susurró sin manifestar
demasiada piedad por el hombre.
-Espera un minuto.Tiberio-comentó Lucio que se
había mantenido silencioso hasta el momento.
-Dime ,querido, amigo.
-Quiero llevarme a ese esclavo.
-¿Qué dices? Creo que has enloquecido.
¿Acaso no has visto lo ocurrido?
-Sí, pero será un buen cuidador para mi hijo
Marco.
-Ahora sí creo que estás totalmente loco.
-No.Un hombre tan valiente y feroz, impediría
que mi pobre hijo sea atacado o secuestrado sin
siquiera poder defenderse.
-Hay esclavos mucho mejores que este para
que cuiden al pequeño Marco-insistió Tiberio.
No quiero ser culpable de su muerte.
-El Emperador tiene razón. Tu hijo no estaría
seguro conmigo.

-¿Eres capaz de matar a un niño ciego?- preguntó Lucio con suavidad. Recién dijiste que no eras un asesino de niños -comentó Lucio clavando su clara mirada en los feroces ojos del prisionero.

-Claro que no-titubeó .Pero a ti sí.

-No te creo- afirmó el Senador Suéltenlo.

-Lucio,amigo.Has perdido la razón-lo increpó Tiberio.Ese tipo es un peligro.

-Emperador,confía en mí. ¿O alguna vez te he fallado?

-No-suspiró rondado los ojos al cielo.

Hagan lo que dice, pero quédense atentos por cualquier cosa-ordenó a sus guardias. Ante cualquier movimiento raro lo asesinan sin miramientos.

-Si,Señor-respondieron estos.

Minutos despues,Gideón quedó libre y camino hasta detenerse delante de ese sereno hombre que parecía no temerle.

-Gideón , te presento a Marco. Será tu protegido a partir de ahora-indicó llamando al niño que estaba detrás de una silla observando la escena. Acércate , hijo, no tengas miedo-susurró Lucio estirando la mano a Marco.
El esclavo miró los azules ojos sin vida del chico y sacudió la cabeza. Tras un momento de vacilación, se puso a la altura del niño y se presentó.

-Me llamo Gideón, y tu padre me pidió que cuidara de ti, ¿qué piensas de eso?

-¿Me llevarás a pescar?-preguntó el chico pasando sus manos por el rostro del hombre como para reconocerlo.

-Así es. Y haremos muchas otras cosas interesantes -sonrió Gideón sintiendo una paz como hacía demasiado tiempo no saboreaba.

-Bravo-aplaudió el chico ante la atenta mirada de Tiberio y la amplia sonrisa del Senador Lucio Pompeu.

-Hagan los papeles correspondientes, este esclavo pasa a ser propiedad del Senador Lucio Pompeu.Espero no arrepentirme.

-¿ Y qué ocurrirá con la casa Rómulos?-
preguntó Lucio.

-Venderemos todo .En definitiva me hiciste un
favor.Julio no servía más que para causar
problemas. Bien , terminemos con esta fiesta.
Voy a tratar de dormir un rato más. -afirmó
Tiberio retirándose a sus aposentos..

Marco sintió la cálida mano del niño entre la
suya y supo que protegería a ese chico con su
vida si fuera necesario. Pero había algo que lo
preocupaba y quizá debía atreverse a decírselo
su nuevo amo:¿Qué pasaría con Vania?

-Debo pensar como ayudarla, no puede caer en
manos de algún despiadado-decidió siguiendo al
Senador que le indicó que era hora de irse.

*" Piensa siempre en convertirte en una gran
persona. "*

Marco Aurelio

<u>Capítulo IV</u>

Gideón seguía a Lucius hacia su nueva casa sin decir una palabra, salvo para contestar a alguna pregunta en particular. El hombre le había quitado las esposas y parecía no estar preocupado por la libertad de su sirviente. Conversaba de diferentes temas, averiguaba sobre la vida de este como si fuera un antiguo amigo.

El prisionero se encontraba verdaderamente sorprendido por la confianza de su nuevo amo , había sido apresado por asesino y este hombre parecía no tener una pizca de miedo. Al contrario ,parecía ignorar su pasado.Incluso le confiaba a su hijo.

"Sería tan sencillo torcerle el cuello y huir"-pensó justo cuando una dulce voz cortó la nefasta idea.

-Te llevaré a ver los pececitos de colores que tenemos en el estanque de casa -comentó el pequeño Marco .Estoy seguro de que te fascinarán.

-Recuerda que él es tu cuidador, no al revés, Marco-agregó Lucio haciéndose el enojado.Será el encargado de dar las órdenes y tú de obedecerlas.

-Me encantará ver esos peces ,Señor-tosió Gideón.Pero dime , ¿Cómo sabes de los diferentes colores?

-Marco no es ciego de nacimiento,perdió la vista en un accidente-respondió Lucius deteniendo sus gentiles ojos en los de Gideón.No solo reconoce los colores,sino que también es un excelente pintor.

-Así es-sonrió el niño orgulloso.Te mostraré mis paisajes.

-"Debo estar imaginando cosas, pero Lucius demoró su mirada en mí más de lo debido. Y mi corazón, respondió a ella"-reflexionó el hombre contemplando el reflejo de la luna sobre la figura de su amo.

-Señor, me gustaría tomarme el atrevimiento de hacerte un pedido especial-carraspeó Gideón.

-Habla-comentó Lucio asombrado por la misteriosa solicitud.

-Hay una esclava en casa de Rómulos que está en peligro por mi culpa. Era la protegida de Julio, no sé si comprendes…Quizá podrías comprarla para tu esposa, es muy bella y educada.

-Por supuesto. Dime su nombre y veré que puedo hacer, seguramente la esposa del hombre venderá sus esclavos en el mercado. Siempre quiso irse de Roma , incluso se menciona de que hace tiempo tiene un amante.

-Gracias .Su nombre es Vania, e hizo mucho por mí cuando estaba en mis peores momentos.

-¿Significa mucho para ti?-preguntó Lucio receloso.

-"No tanto como tú"- pensó sin darse cuenta .No, es solo una gran amiga que quisiera ayudar.

-De acuerdo. Mañana de tarde iremos al mercado de esclavos y me dirás cual es. Se la regalaré a mi esposa-aceptó sin oponer resistencia.

-Gracias,Señor.No tengo como pagarte este favor.

-Cuida de mi hijo con tu vida. Es lo que más amo en este mundo.

-¿No tienes más niños, Señor?

 -No.Ni los tendré.Marco es mi heredero universal.-afirmó sin dar mayores explicaciones. Y hemos llegado-sonrió señalando una bellísima casa ubicada en una amplia esquina .Entremos, te presentaré a mi capataz y le diré que te ubique en una habitación. Mañana temprano comenzarán tus funciones.

-Como digas ,Señor.

-Puedes llamarme Lucio, como todos aquí.

Gideón miró al hombre a los ojos y sintió que su nuevamente su corazón se paralizaba.

-"Hace mucho que no siento algo igual. Más bien , desde Cruxis.¿Pero qué digo? Creo que me estoy volviendo loco-acotó sacudiendo su cabeza de un lado a otro.

-¿Escuchaste?

-Si, Señor, perdón.Me distraje al ver tan hermosa morada.

-Está bien , entremos-indicó sonriente.

-Bienvenido,Señor-saludó un anciano de larga barba blanca.

-Tobías, ubica a este esclavo cerca de mi hijo.Será su pedagogo y protector particular. En cuanto amanezca, serás el encargado de enseñarle la rutina de la casa.

-Pero ya hay demasiados sirvientes en esta casa-rezongó el llamado Tobías.

-Tienes razón, tal vez deba venderte en el mercado. Té estás poniendo viejo y quejoso-bromeó Lucio.

-Perdone, Señor-respondió el hombre respetuosamente. Sígueme ,esclavo.

-Hasta mañana ,Gideón-se despidió el niño .En cuanto despiertes, recuerda ir a buscarme.¡Será un largo y divertido día!-aplaudió el niño estremeciendo el corazón de su padre.

-Jamás lo olvidaría-asintió el hombre con cortesía.

-Y mañana te presentaré al resto de la familia y sirvientes , entre ellos a mi esposa Cecilia, la madre de Marco-acotó Lucio conteniendo la emoción.

-A tus órdenes -respondió Gideón con una humildad que el mismo desconocía hasta el momento.

-Le has caído bien a Marco, es un buen indicio-susurró Lucio.

-Es un niño adorable-asintió el hombre.

-No te confíes, como todo chico, es bastante travieso.

-Vamos , ya es tarde-gruñó Tobías.

-No te pongas celoso-carcajeó Lucio. Tú siempre serás nuestro favorito.

-Bah-refunfuñó dejando, sin embargo, al hombre en un pequeño y prolijo cuarto. El recinto, contaba con un cómodo camastro, y una pequeña ventana que daba a la calle.

-Parece que los Dioses finalmente se han acordado de mí-silbó Gideón.

-Aprovecha tu suerte. El amo es un ser maravilloso , se empeña en tratarnos a todos como sus iguales.

-¿Y acaso no lo somos?

  -No en Roma. Fuera de esta casa somos prisioneros, esclavos, animales. Nunca lo olvides.

-No podría ,puedes estar seguro. A cada rato te lo recuerdan-asintió tirándose sobre su cama.

Tobías fue a realizar una acotación y comprobó que el hombre yacía completamente dormido.

-Bienvenido y buena suerte -susurró cubriéndolo con una manta.

-¿Dónde está mi esposa?-preguntó Lucio luego de dar las buenas noches a su hijo..

-Estaba en la piscina chica ,Señor -comentó una esclava.

-Iré a hablar con ella antes de acostarnos-
sonrió.

 El hombre entró al recinto y saludó a la mujer
que estaba rodeada de esclavas.

-Querido ,¿ tú por aquí?-preguntó extrañada.

-Quería hacerte un comentario.

-Debe ser importante si no puede esperar hasta
mañana -comentó ordenando a sus esclavas
que se marcharan.

-Marco tiene un nuevo pedagogo. Se llama
Gideón .

-¿No es el que causó el desastre en casa de los
Rómulos?

-Es un hombre noble. Ya lo verás.

-No quiero un asesino en esta casa. ¡sácalo!.

-Olvidas que yo soy el amo aquí. Y ya lo he
decidido-agregó con una firmeza poco común.

-Mucho debe importarte para que me hables de
esa forma. Creo que hay costumbres que no se
pierden nunca.

-¡Cuida tus palabras! Por la tarde traeré una
esclava para ti. Espero la trates como
corresponde.

-No preciso otra sirvienta, ya hay demasiadas.

-Entonces , una más no cambiará el panorama-agregó.

-Me gustaría que pasaras por mi habitación , querido. Hace mucho duermo sola, además Marco necesita un hermanito-susurró arreglándose el largo y rojizo cabello.

-Hoy no puedo. Quizá más adelante. Buenas noches ,querida-la besó el hombre cariñosamente.

Tal como había prometido, Gideón se levantó y fue en busca de Marco. Luego de desayunar ,se dedicaron a pasear juntos toda la mañana, y el niño demostró a Gideón ser muy inteligente y despierto. Por la tarde fueron al mercado y Lucio no tuvo ninguna dificultad en adquirir a Vania, que abrazó con fuerza a Gideón apenas reconocerlo.

-Debo aceptar que la muchacha parece tenerte mucho aprecio-aceptó Lucio conteniendo sus celos.

-Ya te lo expliqué, hay un vínculo especial entre nosotros, ella salvó mi vida. Nada más. Solo hubo una persona en mi vida, y ya no está en este mundo-comentó Gideón con tristeza.

-Comprendo, regresemos ahora. Debo confesarte que has hecho un gran favor a Tiberio eliminando al General Julio, realmente él lo odiaba-comentó Lucio sorprendiendo a Gideón con esa revelación.

-Me pareció que no le caía simpático, pero no pensé que fuera para tanto.

-Le tenía una profunda antipatía, créeme. Finalmente, Cecilia quedó encantada con Vania y la dispuso a su servicio, complacida por la belleza y humildad de la joven. No fue lo mismo con Gideón , quien pareció no caerle en gracia desde el instante en que lo vio.

-En fin ,Lucio sabrá lo que hace-comentó observando indiferente al esclavo.Tobías,por las dudas, no lo pierdas de vista.

-Si , ama-asintió el hombre sin comentar que su amo había realizado una buena adquisición.

"Es un buen hombre, y Marco lo adora. Por suerte para mis pobres huesos"-río Tobías.

Pese a la desconfianza demostrada al principio , Cecilia también tuvo que aceptar que Gideón hacia un buen trabajo con su hijo.

El niño disfruta mucho estar con el esclavo,parecía que la felicidad perdida hubiera retornado a su vida.

-Y también mi esposo está cambiado, sin duda ese hombre le gusta. Debo tener cuidado, hace mucho tiempo no lo veo tan "enamorado".

Aunque he aprendido a convivir con sus "excentricidades"-suspiró finalmente.

Gideón estaba observando como Marco pintaba un cuadro, cuándo escuchó que uno de los esclavos lo llamaba.

-Disculpa la interrupción, pero quería hacerte una pregunta.

-Hazla-aceptó amablemente..

-Hay un grupo de nosotros que piensa huir muy pronto, quería saber si deseas formar parte del grupo.

Gideón observó al niño que tanto confiaba en él, y tras un momento de vacilación,respondió.

-No.Por primera vez después de varios meses , me siento feliz,casi como en casa. Les deseo mucha suerte.

-Sabemos que simpatizas con el amo. Espero esto no salga de tu boca.

-Puedes estar tranquilo, mientras no muera gente inocente , nada tendré que decir.

-Sabes que siempre hay muertos en estas circunstancias.

-Es verdad, pero no me gustaría que muriera nadie por error. Y mucho menos el pequeño Marco.

-Haz de cuenta que no te dije nada. Cuídate-acotó el hombre retirándose.

-Prometí proteger a este niño con mi vida y así lo haré.

-¿Qué te decía Soulos?-preguntó Tobías apenas el hombre se retiró.

-Tonterías. Nada importante-acotó sentándose nuevamente al lado del pequeño Marcos.

Dos noche después, un terrible alboroto cubrió la casa de Lucio.Varios esclavos habían desaparecido, y se habían llevado con ellos al pequeño Marco.

Gideón se hallaba en su habitación tratando de dormir cuando escuchó cuchichear a las esclavas .

-Se llevaron al pequeño de rehén. ¡Quien sabe que harán con él! Seguro no lo dejarán vivo.

-¿Qué sucede?-exclamó saliendo del cuarto cubierto únicamente con una sábana.

-Se fugaron algunos esclavos,y llevaron con ellos a Marco. ¡Imagina como están sus padres!

 -Impíos-gritó Gideón vistiéndose rápidamente para ir tras ellos. Una vez pronto, tomó su espada y se dirigió al cobertizo, para montar un caballo y salir tras ellos. ¡Se los advertí y no me escucharon, ahora deberán pagar su imprudencia!-exclamó golpeando al caballo para que apurara la carrera.

Recién había salido , cuando Lucio entró a la habitación a pedirle ayuda para encontrar a su hijo.

-Gideón -gimió.¿Gideón? Oh , no puede ser, tú también estás con ellos-lloró.¡Y yo creía tanto en ti!

-Te lo dije -comentó su esposa sollozando. Nunca debiste dejar a Marco en manos de esa bestia.

-Retírate del camino -la empujó su esposo. Tobías, elije a los mejores hombres que vamos tras ellos. Deja algunos para que cuiden la casa.

-Si, Señor, enseguida-respondió este..

Gideón azuzó al caballo con todas sus fuerzas hasta alcanzar al grupo de fugitivos.

-Deténgase -gritó poniéndose delante de ellos.

-¿Te decidiste y vienes con rostros?-sonrió el esclavo que le había confiado la fuga..

-Nada de eso, no me importa lo que hagan ustedes, pero quiero al niño conmigo.

-No sé de qué hablas -respondió este.

-Claro que sí-vociferó sacando su espada.

-Gideón , ayúdame -se oyó la vocecita de Marco.

-Cállate mal criado-escuchó que lo golpeaba otro esclavo.

Al escuchar el llanto del niño que tanto quería, Gideón sintió que su sangre comenzaba hervir y se tiró sobre su contrincante. Inmediatamente, se armó una batalla campal, y la sangre comenzó a correr por doquier.

-Estás solo, idiota, ¿cómo piensas salvarte o ayudar al niño?-gritó uno de los fugitivos.

-Huye, Marco-gritó Gideón cayendo sobre la hierba..Incentivado por la voz de su protector, el niño mordió el brazo de su captor y se perdió entre los montes.

-Maldito, voy matarte -gritó el Jefe de la operación levantando su espada hacia el pecho de Gideón.

No había terminado de hablar , cuando una flecha le atravesó el cuello y cayó muerto al suelo.

-Deténgase, todo ha terminado-gritó Lucio. Será mejor que se rindan, no tienen escapatoria.

-Señor ,piedad. Gideón fue el organizador de todo. Él dijo que podría apresar a tu hijo con facilidad.

-Mentiroso-exclamo Gideón mientras los
guardas lo tomaban de los brazos.
-¿Dónde está Marco?-vociferó Lucio a Gideón
.Habla antes que te corte la lengua.
-No, papá-se escuchó la voz del niño -mientras
intentaba subir los matorrales. .Gideón me
salvó. Estaría muerto si no fuera por él.
-¡Hijo querido!- gimió Lucio corriendo para
ayudar al chico.
-Gideon me salvó-repitió el agitado niño.
-Suéltenlo-ordenó el hombre, Y llévense a los
demás, serán vendidos a los mercaderes de
metales,que los lleven a trabajar a las minas..
-No, Señor,perdona, se tiró a los pies de Lucio
otro esclavo.Sabes lo que significa ir a las
minas.
-Una muerte lenta y cruel.Jamás volverás   a ver
la luz del sol. ¡Llévenlos!-gritó Lucio ferozmente.
-Lamento haber desconfiado de ti, Gideón-
comento volviéndose hacia el hombre. A partir
de ahora serás el protector oficial de la casa.

-Disfruto mucho mi trabajo con Marco.Pero a pesar de todo cometí un gravísimo error, sabía que los esclavos iban a rebelarse y no te lo dije. Pero les advertí que no tocaran a Marco.

-Haré de cuenta que no te escuché. A partir de ahora, cada movimiento que se haga deberá pasar previamente por tu autorización. Nadie podrá salir ni entrar de la casa sin tu permiso. Serás responsable de todo lo que ocurra en mi villa.

-Gracias, Señor ,por tal honor-se arrodilló el hombre.Pero repito, con Marco, es suficiente.

-Levántate, Gideon , solo cumple con tu deber-susurró Lucio acariciando las heridas que se habían formado en las manos del hombre.Perdona-tosió con dureza. ¡Todos a casa, esto ha terminado!

Cecilia estaba en el balcón cuando vio llegar a la comitiva.

-¡Marco!-gritó al ver a su hijo montado en el mismo caballo que Gideón.

-Mama , Gideón me salvo de los asesinos-comentó apenas la mujer llegó hasta ellos.

-Pensé que …

-Pensamos mal-se adelantó Lucio. En cuanto quedemos solo te explicaré.

-Si es como dicen , y tú salvaste a mi hijo, entonces tienes mi agradecimiento eterno, Gideón.

-Señora, solo cumplí con mi deber.

Otra noche llegó con rapidez y feroces nubarrones cubrían el cielo. Cómo acostumbraba a hacer luego del terrible acontecimiento, Lucio recorrió toda la casa acompañado de varios guardias para asegurarse que todo estaba en orden.

-Pondré más atención , no deseo que se repita lo de hace unos días.

-Hiciste bien en colgar a los hombres en el patio, así servirá para quitar malas ideas a otros esclavos-comentó Tobías.

-Eso pensé. Bien , hemos terminado la ronda .Váyanse a dormir-ordenó al pasar cerca de la habitación de Gideón.

-Pero ,Señor no deseo dejarte solo-susurró Tobías.

-Tranquilo, pasaré un minuto a conversar con Gideón.Ve a descansar , querido amigo. Buenas noches..

- Hasta mañana, amo-asintió Tobías retirándose
Lucio golpeó en la puerta del esclavo y este abrió rápidamente.

Su perfecto cuerpo, cubierto únicamente por la ropa interior brillaba ante la luz de la pálida antorcha de la habitación

-Señor-acotó Gideón sorprendido ,¿Qué deseas?

-Lo sabes muy bien-. Lo mismo que tú- afirmó cerrando la puerta de un golpe mientras le quitaba el taparrabo.

-Esto no es posible ,eres el amo, soy el cuidador de tu hijo...Un simple esclavo.

-En este instante somos dos hombres que se desean ,¿o estoy equivocado? Quizá interpreté mal tus miradas.

- Me gustas ,Lucio, mucho más de lo que debería-confesó Gideón.

-Entonces , es hora de comprobarlo-asintió este tirándolo sobre el camastro.

Los gemidos amorosos de los hombres se mezclaban con los ruidos se los truenos y relámpagos de la terrible tormenta que aquejaba a la ciudad iluminando cada tanto los cuerpos pegados de la pareja.

Una vez saciado, Lucio se levantó y dejando un último beso en el sudado cabello del hombro de Gideón se encaminó hacia sus aposentos.

-Eres mucho más que un simple esclavo para mí, lo supe desde el primer día que te vi - susurró retirándose rápidamente, sin ver a una de las fieles esclavas de su mujer espiando desde de un rincón.

"No hay placer que sea malo en sí mismo. Lo que es malo son las desagradables consecuencias que puedan resultar si no se usa la cabeza cuando se decide que placeres perseguir y cuales evitar."
Epicuro

Capítulo V

-Señora, tengo que hablar urgente contigo. Tenías razón.

-Pasa, Lavinia,¿ a qué te refieres?-comentó Cecilia echando a la esclava que la estaba peinando.

-Lucio salió de la habitación del nuevo esclavo .Estuvo varias horas y luego se fue.

-Tal vez fue darle indicaciones respecto a Marco -señaló esta intentando engañarse a sí misma.

-Con todo mi respeto, eran casi las dos de la mañana, no parece buen momento para dar órdenes.

-Está bien, Lucio siempre tuvo un gusto muy particular pero pasajero. Con seguridad, ese joven es su nuevo capricho.

-Tienes razón. Se le pasará muy pronto-asintió esta sin querer contrariar a su Señora.

-Espero no comentes esto con nadie.

-Jamás le he fallado Señora.

-Lo sé, por eso eres tan valiosa para mí.

-Agradezco tu halago-acotó Lavinia servilmente bajando la cabeza.

-Ahora vete , debo pensar.

-Si ,Ama.

Ojalá que a mi estúpido esposo se le pase rápidamente el interés por este joven, me daría mucha pena hacerlo desaparecer como los otros. Marco está muy encariñado con él. Veré que puedo hacer-comentó la mujer mordiéndose los labios hasta hacerlos sangrar.

Al contrario del deseo de Cecilia, el vínculo entre Lucio y Gideón fue estrechándose cada vez más.

-Te amo ,Gideón-confesó una noche Lucio luego de hacer el amor en un alejado cobertizo. Sé que no es lo correcto, pero no puedo evitarlo. Jamás sentí por otra persona lo que profeso por ti.

-También te quiero,Lucio.Pensé que después de Cruxis estaba muerto para todos los demás,pero me equivoqué.Estoy perdidamente enamorado de ti.

-Debemos actuar con prudencia o Cecilia podría enterarse.Sé que hizo desparecer a otros amantes antes que a ti ,pero no lo soportaría en esta oportunidad.Eres demasiado valioso para mí.

-Entonces actuemos con precaución.Y por eso, será mejor que me vaya yendo. Nos vemos mañana-comentó el esclavo sin imaginar lo que le esperaba apenas se alejara de la guarida de amor.

-Cuídate ,querido. Quizá no nos veamos hasta dentro de dos días, tengo que hacer unos negocios en Padua, así que demoraré.

-Hasta entonces-susurró volviendo a besarlo.

-Cuida de mi hijo.

-Sabes que lo haré.

Gideón salió del sitio y admiró la noche estrellada, después de pasar tantas tragedias en poco tiempo se sentía dichoso de poder contemplar el cielo, y especialmente ,estar vivo.

-Sé que debería vengar a mi pueblo, y a ti ,Cruxis,pero sabes que no tengo oportunidad.Estoy solo ahora. Y estoy seguro de que te gustaría verme feliz, aunque sea con …un romano.

El cobertizo se había vuelto un punto en el horizonte ,cuando tres hombres enmascarados se cruzaron en el camino de Gideón rodeándolo.

-¿Quiénes son ustedes y que desean? No tengo dinero.

-No es eso lo que buscamos-sonrió uno de ellos cuyo tono de voz pareció conocido al esclavo.

-¿Marius?

-Atrápenlo, ya saben lo que dijo la Señora.Debemos hacerlo desaparecer del mapa.

-Lo sé-respondió otro Y eso haremos ,aunque dijo que lo matáramos, llevarlo a un barco esclavista es lo mismo que asesinarlo. No lo volveremos a ver. Lástima Otus no ha llegado como acordó, él conoce bien todo el puerto y nos facilitaría el trabajo.

-Mala suerte, él se lo pierde. De paso será uno menos para repartir las ganancias.

-Exacto-aplaudió el tercero en cuestión.

-Apurémosnos.Debe estar en el barco antes del amanecer.Los vendedores de esclavos lo están esperando, y dijeron que ocho en punto parten.

- No lograrán llevarme vivo -gruñó Gideón sacando una daga que escondía en su vestimenta.

-Pues estás equivocado, vales demasiado para dejarte morir -carcajeó el esclavo que parecía estar a cargo del secuestro.

Estaban en plena lucha cuando Gideón sintió que alguien tiraba una red sobre su cuerpo.

-Llegué tarde, pero aquí estoy-vociferó otro hombre cuya voz era desconocida para Gideón.

-¡Gracias a los Dioses! Si no hubieras llegado a tiempo este hombre nos habría asesinado a todos. Desmáyenlo y será más fácil, el barco no demorará en partir-gritó el líder del grupo.

Gideón sintió un golpe seco en la cabeza y enseguida una especie de niebla cruzó su cabeza. Su destino parecía sellado , cuando abriera los ojos, estaría encadenado en la bodega de uno de los principales barcos esclavistas.

Apenas los hombres se alejaron, Tobías salió de atrás del árbol en que se había refugiado al ver a los facinerosos.

-Suerte que el Señor olvidó su chaqueta preferida y yo la encontré a tiempo para traérsela. Los Dioses quisieron que pasara por aquí, aunque debo reconocer que por momentos tuve terror que me encontraran. Espero que mis pobres piernas corran lo suficientemente rápido para llegar al cobertizo donde está Lucio-comentó Tobías empezando a correr directamente al lugar.

-Tobías ,¿Qué haces aquí? Y tan agitado-preguntó Lucio al contemplar al hombre casi desmayado.

-Se lo llevaron ,Señor.Y si no te apuras no lo volverás a ver.

-Cálmate.No comprendo nada de lo que hablas-silabeó el Senador.

-A Gideón. Tu esposa mandó aniquilarlo, pero gracias a los Dioses, los asesinos lo vendieron a los mercaderes que llegaron ayer a la ciudad. Yo justo venía a traerte esta chaqueta , y me escondí tras un tronco al escuchar voces. Los esclavistas se irán antes del amanecer , así que debes apurarte.

-Salgo ya mismo. Envía algunos hombres al puerto, podría necesitar ayuda.

-Voy enseguida, creo que asesinaré con mis propias manos a quien vuelva a llamarme anciano-susurró mirando de reojo a Lucio.

-Reiría si la situación no fuera tan dramática-asintió el hombre.

Lucio subió a su caballo para dirigirse velozmente al barco de mercaderes de esclavos que se estaban preparando para zarpar puntualmente.

-Un momento-gritó Lucio con autoridad. Tienen un esclavo que es de mi propiedad.

-Gran Señor, somos comerciantes honestos, ¿a quién te refieres?-preguntó uno de ellos observando la jerarquía del recién llegado.

-Un hombre alto y de espeso pelo oscuro que fue traído hace poco rato. Su nombre es Gideón.

-Debe tratarse del coloso que acercaron tres hombres por orden del Senador Lucio-acotó un marinero que estaba ordenando unas cuerdas.

-Yo soy el Senador que mencionas, y nunca autoricé esa venta. Mejor dicho, el esclavo fue robado y quiero que me lo devuelvan..

-Gran Señor ,pagamos mucho dinero por él-se inclinó el mercader deseoso de despertar la piedad de Lucio.

-¿Cuánto?-ordenó este.

-1000 sestercios-susurró el esclavista.

-Te daré tres veces más por haber dicho la verdad.Traélo.Y apúrate,antes que ordene prender fuego tu nave.

Sí, Señor enseguida-tartamudeó el mercader. Minutos después, Gideón estaba en presencia de su amo, que lo abrazó sin demostrar una gota de pudor delante los presentes.

-Parece que mi destino será siempre salvarte la vida-susurró en voz bien baja para que nadie escuchara.Pero esta vez, deberás agradecerle a Tobías.

-¿Tobías?-preguntó Gideón estupefacto.

-Luego te explico, ahora no hay tiempo.Debemos marcharnos de una vez, y justamente,allí vienen mis hombres. Compraré un caballo para ti a estos mercaderes.

-Pensé que ya estaba muerto, tres hombres me atraparon apenas separarnos. Parece que tu esposa está al tanto de lo nuestro y quiso matarme.

-Pagará por esto. Tengo un plan -sonrió Lucio sarcásticamente.

Lucio entró a su casa y se dirigió directamente al cuarto de bordado que tanto amaba Cecilia.

-Querido, pensé que ya estarías en Padua- palideció Cecilia.

-Olvidé unos documentos y darle una importante orden a Gideón.Iré a buscarlo, ¿sabes dónde puedo encontrarlo?

--No lo he visto-susurró la mujer retomando su bordado.

-Tampoco yo-sollozó Marco.

-Tobías , llévate al niño.Debo hablar un minuto con Cecilia.

-Sí Señor.Vamos querido-comentó el anciano.

Lucio tomó una silla y se sentó frente a la mujer que siguió concienzudamente con su tarea.

-Entonces , mandaste matar a Gideón-afirmó sin previo aviso.

-¿Qué dices?.¡Nunca haría algo así!

-No es lo que he escuchado por allí,los chismes corren con mucha velocidad por la casa.

-Ni idea, tú le diste plena libertad,quizá huyó.

-Lo dudo, está muy encariñado con el pequeño Marco. Incluso lo salvó cuando lo secuestraron, dio su vida por él. Tuvo la oportunidad de escapar y no lo hizo. ¿Recuerdas, querida? Tu hijo estaría muerto si no fuera por ese hombre

-¿Me buscabas, Señor?-preguntó Gideón entrando en ese momento.

-Si,para que le repitas a mi esposa el diálogo que tenían los hombres que intentaron asesinarte. Y que por suerte, decidieron traicionarla y te llevaron a un barco de esclavistas.

-Es mentira -gritó la mujer .Jamás haría algo así.

-Tampoco lo hiciste con mis anteriores amantes, ¿verdad?

-Yo….-titubeó la mujer.

-Traigan a Marius-ordenó el Senador.

Sin hacerse repetir la orden, dos soldados entraron arrastrando al aludido que qué no podía parar de llorar.

-Soy inocente ,solo cumplía órdenes de esta mujer-repetía sin cesar una y otra vez.

-Mentiroso, ¿Cómo te atreves?-exclamó Cecilia horrorizada.

-Si confiesas quienes más participaron del hecho te perdonaré la vida. Caso contrario…

-Tu esposa dio la orden de que lo matáramos. Pero con Lunus,Sibila y Tornus decidimos venderlo como esclavo.Y luego se agregó Otus.Sería una forma de obtener algo más de dinero, además era una muerte segura.Como ella quería.

-¡Serpiente venenosa !-gritó la mujer dándole una cachetada.

-Cumpliré mi promesa y no te mataré. Pero los cuatro serán llevados al próximo barco de esclavistas. Hasta entonces, estarán en las celdas. Llévenlos.

-Piedad, Señor, solo cumplíamos órdenes.

-En cuanto a ti, "querida "no admitiré un atropello más. Sí algo le ocurre a Gideón….

-¿Serias capaz de matarme?

-Yo no soy un asesino, pero hay muchos animales feroces por estos lugares. Nunca se sabe que te podría ocurrir en un paseo por los alrededores.¿ O tendré que enviarte de nuevo a tu casa porqué solo me diste un hijo.

-Difícil cuestión si nunca vienes a mi cama-rugió la mujer.

-Ni regresaré, jamás dormiría con una serpiente como tú. ¿Fui lo suficientemente claro?

-Si-asintió la mujer rumiando su furia.

-No te escuché.Habla más fuerte.

-Si-gritó la aludida.

-Perfecto. Continúa con tu bordado y yo con mis actividades.Hay algo que olvidé comentarles , por orden del Emperador tenemos que partir un tiempo a Jerusalén.Parece que hay problemas con un insurgente y Tiberio desea que lo controle personalmente .Nos vamos en dos días

-¡No iré a ese sitio de ignorantes!

-Claro que sí. Eres mi esposa y debes obedecer. Además, no sé cuándo regresaremos. Ya nos están esperando, el mismo Emperador nos preparó una cómoda vivienda.

-Gideon-entró en ese momento Marco abrazando las piernas del hombre. ¿Viste mamá?¡Te dije que no nos abandonaría!

-Nunca me iré de tu lado,querido.Puedes estar seguro-lo apretó contra su pecho.

-Dejaré los negocios con Padua por ahora, hay mucho que ordenar en esta casa antes de partir para Jerusalén-susurró un emocionado Lucio.

-¿Jerusalén?-exclamó Marco entusiasmado. Nunca estuve en ese sitio.

-Espero te guste, querido. Estaremos un largo tiempo por allí.

-Pudiste avisarnos antes-gimió Cecilia.

-Acabo de mencionarlo, hace unas horas recibí la orden del Emperador. Prepara tus cosas, no sé cuándo regresaremos a Roma. Sígueme, Gideón.Tenemos que conversar sobre el largo viaje.

-Sí ,Señor-aceptó este siguiéndolo con humildad.

-¡No sé qué hubiera hecho si esta mujer te asesinaba! Como premio,concedí la libertad a Tobías, hace tiempo se lo había prometido y hoy mismo la firmé-agregó abrazando a Gideón fuera de la mirada de curiosos.

-¿Así que nos dejará? Todavía no he podido agradecerle su intervención-comentó este con tristeza.

-De ningún modo. Será un empleado a sueldo.Al igual que tú algún día ,querido-asintió besándolo. Todavía no estoy preparado para liberarte, tengo miedo que me dejes.

-Yo no deseo mi libertad ,Lucio, porque te amo tanto que siempre estaré encadenado a ti por el amor que te tengo.

-Agradezco tus valiosas palabras,pero hoy me preocupé realmente, y no puedo arriesgarme a que te vendan o asesinen si me pasa algo. Debo solucionar esa cuestión.

-Si tu mueres, te seguiré.Ya no hay vida para mí en este mundo sin tu presencia.Eres el hombre que siempre esperé,quise mucho a Cruxis pero mi amor hacia él es una pobre sombra al lado de lo que siento por ti.

-¡No hables de muerte! Parece que la llamáramos.

-Tampoco tú, ¿por qué sabes que creo? Si los Dioses nos unieron fue por una buena razón. Y no van separarnos así nomás.Estoy seguro-susurró Gideón besando al dueño de su corazón.

-Y ahora te dejo, debo ir a platicar con nuestro Emperador antes de partir. Y agradecer su confianza por enviarme a tan grato lugar-frunció la nariz haciendo sonreír a Gideón.

Una semana después la comitiva avanzaba hacia Jerusalén , instalándose en la cómoda morada que Tiberio había mandado preparar para el hombre.

-Veremos que nos trae el destino-comentó un mal humorado Lucio. Esto parece un castigo más que un premio.

-Por el contrario, demuestra la fe que Tiberio tiene en ti. Tú eres el hombre que pondrá orden en este infierno-lo tranquilizó Gideón.

-Puede ser-sacudió la cabeza el hombre. Acompáñame ,tengo varias tareas ue encomendarte para mañana. Tobías cuidará de Marco.

-Como ordenes ,Señor-respondió Gideón.

-¿Señor? -preguntó Lucio extrañado.

-Debemos tener cuidado-susurró el hombre. Hay sirvientes que no conocemos , y seguramente son ojos y oídos del Emperador.

-Tienes razón. Eres demasiado inteligente para mí- comentó Lucio indicándole que lo siguiera.

Llovía cuando Gideón salió a pagar unas cuentas enviado por Lucio ,que lo había transformado definitivamente en su hombre de confianza.

-Cuídate, tú vales mucho más que el dinero que envío. Quizá deberían acompañarte algunos guardias.

-Sería más sospechoso, además, luego de tu encomienda, aprovecharé a recorrer un rato la ciudad ya que Marco irá a pasear junto a Tobías por los bosques. Parece que quiere darle una clase de Ciencias Naturales.

-Está bien. Nos vemos en un rato, elige un caballo veloz. Por las dudas.

-De acuerdo,Lucio.Y muchas gracias.

Gideón estaba cruzando por medio de unos montes justo en el momento en que la lluvia comenzó a aumentar.

-Suerte que pude cumplir mi tarea antes de este diluvio.Entraré un rato en aquella cueva y esperaré a que pare mientras como la manzana que guardé en mi bolsa.

-Permiso ,Señor, salga del camino-ordenaron varias personas que parecían dirigirse al mismo lugar que Gideón.

-¡Cuidado!-rezongó el hombre mientras levantaba la fruta que había caído al suelo por el empujón.

-Disculpe, es que si demoramos quedaremos al final de todo. Y mi hija tiene que conversar con él antes de que se vaya.

-¿A quién se refiere?-preguntó Gideón con curiosidad.

-Pensé que lo sabía, el Maestro dará hoy una nueva charla. Y no queremos faltar.Seguramente por la lluvia, estará en la cueva. Creímos que lo sabía-comentó amablemente una mujer que caminaba junto al grupo.

-No estaba enterado, pero si me permiten iré con ustedes-comentó Gideón pensando en que sería el nuevo revolucionario por el que Lucio había sido enviado.

 -Haz como gustes-ordenó un anciano apurándose.

Gideón entró a la cueva y tras observar la inmensidad reunida en tan poco espacio, preguntó a la mujer que estaba parada a su lado.

-¿Quién es ese hombre que está disertando en el centro del grupo?

-Cállate, es Jesús , el enviado-lo rezongó esta.

-¿Enviado de quién?-preguntó con curiosidad.

-¿No eres de aquí verdad ?-insistió la mujer.Entonces será mejor que te vayas y no molestes.

-Espera un momento, soy siervo del Senador Lucio Pompeu, y no tienes derecho a correrme de esa forma. Además, solo me quedaré hasta que pare la lluvia.Ignoraba esta conferencia.

-Vete de aquí, no es bueno que gente como tú escuche al Gran Maestro-lo enfrentó otro hombre.

-Eres bastante atrevido-exclamó Gideón amenazando al hombre con su espada.

-¿Por qué discuten?-se acercó el disertante al ver el conflicto entre su auditorio.

-Señor, este hombre es un bárbaro , esclavo de un Senador-explicó el viejo.

-Solo me quedaré hasta que pare de llover-respondió Gideón sintiendo una extraña paz al reflejarse en la cálida mirada del predicador.No quería molestar, ni siquiera sabía que habría una reunión.

-Puedes quedarte todo lo que desees, esta también es tu casa. Yo soy la morada de todos aquellos que buscan paz y justicia. Pedro ,¿acaso no has comprendido nada de lo que dije?¿Acaso he gastado saliva con vosotros?-lo encaró el orador con severidad.

-No , Señor,perdona-asintió el aludido bajando la mirada al suelo.

-Recuerda que '*Los sanos no tienen necesidad de médico, sino los enfermos. No he venido a llamar a los justos, sino a los pecadores*'" Este hombre puede quedarse todo lo que desee.

-Entendí, Maestro.

-Muchas gracias. Es usted muy amable-respondió Gideón sin comprender ni una palabra del diálogo entablado.

-Pero ,Señor , este hombre tiene una espada. Quizá lo mandaron para denunciarte o asesinarte-exclamó otro..

-Cálmate, Zalameo.El hijo del hombre no se irá todavía.Hay muchas cosas que hacer por aquí antes de partir.Y tú ,hijo, reitero,eres bienvenido- insistió el Gran Maestro refiriéndose a Gideón.Pero por favor,guarda tu espada. Los escogidos por mi padre no deben utilizar la violencia.

Terminado esas palabras volvió a su lugar central y continuó con su pacífico sermón.

-"Realmente este hombre está bien loco"- reflexionó Gideón disponiéndose a escuchar lo que creía una charla de locos. "Pero pueden ser muy peligrosos, estaré atento"

-Señor, sí quieres puedes curarme -se tiró la mujer que Gideón había visto a la entrada junto con el anciano. Sufro terribles dolores de cabeza y he comenzado a temblar .¡No sé qué me ocurre!

-¿Tienes fe en qué puedo curarte?

-Si, Señor. Vine desde muy lejos.

-Que así sea.Tu sufrimiento ha terminado.

-Gracias, gracias, ya no siento dolores-sollozó la infeliz besando la túnica del extraño hombre.¿Cómo puedo pagarte?¡Soy muy pobre!

-Ve y dile al Mundo que no teman, el Reino de los Cielos se ha acercado. Antes de lo que piensan, todos serán liberados-continuó el hombre pacíficamente.

-¿Cundo será eso?¡Debemos estar preparados!-gritó un hombre joven y muy exaltado por esa frase.

-Y lo estarán-sonrió al que decían Gran Maestro. A su debido tiempo.

-Nunca vi hacer algo así. Debe ser un brujo, o un farsante. Quizá la mujer estaba de acuerdo con él, e hizo como si estuviera enferma para darle fama. Paró de llover, mejor me voy de este lugar de locos-suspiró Gideón levantándose.

-Hombre de poca fe-exclamó el orador acercándose nuevamente a Gideón.¿Tan difícil es creer en que vine a salvarlos con la verdad?

Avergonzado por la observación, Gideón se cubrió la cabeza con la capucha de su amnto y siguió hacia la salida de la cueva , observando la enormidad de enfermos que esperaban para ver a ese extraño hombre al que llamaban Hijo de Dios.

"No comprendo como leyó mis pensamientos, ¿será realmente acaso el Profeta que los judíos estaban esperando? -susurró caminando entre las personas que empujaban para entrar a la cueva.

" Cuando la situación es adversa y la esperanza poca, las determinaciones fuertes son más seguras."
Tito Livio

Capítulo VI

-¿Dónde estabas?-preguntó Lucio entre nervioso y enojado. Hace mucho rato que te fuiste, pensé que te había ocurrido algo grave.

-Es que empezó a llover y me metí en una cueva para protegerme. Y sucedió algo muy extraño.

-¿A que te refieres?-preguntó este levantando la cabeza de los libros que estaba analizando.

-Dentro de la cueva,había un hombre platicando sobre diversos temas y sucesos que vendrían a futuro y la gente lo escuchaba con mucha atención y respeto. Su rostro era dulce, y pacífico, pero sus palabras ,sin ser altas tenían mucha fuerza.

-Sigue-ordenó Lucio frunciendo el ceño.

-Hablaba sobre amarnos los unos a los otros , e incluso curaba enfermos , endemoniados. Al mirarte parecía saber lo que estabas pensando,nunca vi algo así en mi vida.

-Patrañas.Debe ser ese mentiroso al que llaman Rey de los Judíos, Mesías, el elegido y no sé cuántas cosas más,y por cuya culpa yo caí aquí.Por favor mantente alejado de ese embaucador.

-Al principio pensé lo mismo que tú,pero luego….eran muchísimas las personas que sanaba.Se me ocurrió que si llevaba a Marcos podría devolverle la vista.

-Estás locos, y parece que lamentablemente has caído bajo sus redes. Te prohíbo que lleves a Marco con ese mentiroso, ¿qué dirían mis superiores si saben que has llevado a mi hijo a visitar a ese loco, enemigo de Roma?

-Señor, lo vi con mis propios ojos.

-Aléjate de ese hombre,¿ Has oído? Es una orden.

-Como digas ,Señor. Pero creo que sería una buena oportunidad para el pequeño Marcos.

-Vete, por favor, me ha supuesto de mal humor. Después de todo, ¿cumpliste con el pedido que te encomendé?

-Por supuesto ,Señor. Aquí tienes los recibos.

-Perfecto. Y una vez más, mantente alejado de ese tipo. Nos vemos esta noche-acotó finalmente Lucio. Lo único que falta es que logre separarnos.

-Eso no sería posible, te amo demasiado para alejarme de ti. Además intenta unir a las personas, no alejarlas.

-Vete, por favor. Ya no deseo escuchar una palabra más sobre ese hombre.

-Sí, Señor. Con premiso-asintió Gideón obedeciendo mansamente.

Con la idea de no contrarias a su amante y amo,Gideón se hizo el firme propósito de no volver a escuchar al Hombre, llegando a dar toda la vuelta antes de pasar por frente de la cueva donde había visto al hacedor de milagros.

-No deseo hacer enojar a Lucio, después de todo, ni siquiera sé si es verdad lo que predica. O si no son todos cómplices los que están con él.

Estaba parado en la feria para comprar fruta, cuando escuchó a dos mujeres cuchicheando misteriosamente.

-Sin duda es el Hijo de Dios, lo que hizo con mi hijo fue increíble-comentaba una de ellas.

-También lo pienso ,lo he visto en cantidad de oportunidades y la paz que transmiten sus palabras son únicas.

-Perdón ¿,hablan del llamado Jesús de Nazaret?

-¿Por qué habríamos de decírtelo? No te conocemos Y no pareces uno de los nuestros.

-Soy esclavo de un Senador Romano ,pero me gustaría escucharlo. ¿Dónde podría encontrarlo?-fingió Gideón.

-No lo sabemos,allí hay uno de sus discipulos,quizá él pueda decírtelo -señaló la mujer.

-De acuerdo,les preguntaré.Muchas gracias- saludó a las mujeres.Buenas tardes,Señor.Me gustaría oír al Gran Maestro, pero no sé dónde puedo ubicarlo.

-Buenos días, me llamó Zaqueo Nos reuniremos en el borde de las colinas antes de que caiga el sol .¿No eres de aquí verdad?-preguntó el hombre al ver la confusa mirada de Gideón.

-Perdón ,mi nombre es Gideón.En realidad vivo en Roma , con mi amo el Senador Lucio Pompeu.

-Oh, un extranjero.

-En realidad pertenezco a los partos.

-Eso no importa, eres un Ser Humano. Té esperamos -sonrió el hombre con simpatía. Nunca sabemos dónde terminaremos con nuestro maestro-río el hombre.

-Es esclavo de un Romano, no deberíamos recibirlo-musitó otro hombre en voz apenas audible.

-Ya oíste a nuestro Señor, está aquí para ayudar tanto a justos como a pecadores. Ahora , ve a cumplir con la tarea que te encomendó-rezongó el llamado Zaqueo.

Una hora más tarde ,llegó a su casa ,enfrentándose nuevamente con la frialdad del Senador.

-Mis hombres han dicho que vieron alguien muy parecido a ti con ese galileo hacedor de milagros. ¿Es acaso cierto ,o era alguien parecido?.

-Lo siento, me perdí y me crucé con uno de sus seguidores. No hice nada malo. Solo pregunté dónde estaba.

-¿Deseas desprestigiarme ¿O terminar muerto?

-Sabes que no es verdad, sería incapaz de hacerte algún daño. Prefiero morir antes que perjudicarte.

-Entonces trata de mantenerte alejado. Es una orden. Los soldados romanos saben quién eres y mi verdadera misión aquí, es colaborar con el Pretor Pilatos para poner orden en esta inhóspita tierra perdida del mundo.

-Lo lamento, no volverá a ocurrir.

-Espero que esta vez sea verdad, ya te escuché decirlo antes. .¿Dónde se reúnen hoy? Quizá el prefecto quiera ocuparse de este.

-No lo sé, parece ser que sus lugares de reunión son muy variados-respondió este sin hacer mayores aclaraciones.

-Está bien. Confió en tus palabras ,hasta el propio Sanedrín está contra él. ¡No quiero tener problemas que podrían demorar nuestra vuelta a Roma!

-Jamás hará algo para dañarte ,Señor. Ya te lo dije.

-Lo sé,perdona.Ahora vete, todo esto me ha trastornado. Extrañó nuestra verdadera casa, y todavía soportar esta locura de extraños Profetas .

-Extraño territorio-asintió Gideón retirándose.

Gideón caminaba pensativo por el fresco palacio cuando Cecilia cruzó sorpresivamente su camino.

-Escuché tu conversación con mi esposo, y quiero que lleves al pequeño Marco que ese hombre que mencionaste.Quizá pueda curarlo.

-Imposible, sabes lo que opina tu esposo sobre el tema.

-No me interesa lo que haya dicho, sí hay una posibilidad de qué Marco vea ,estoy dispuesta a arriesgarme.

-Es mi amo, Señora. Debo obedecerle.

-¡Te suplico que me ayudes! Sé que no me porté bien contigo, pero también es claro que adoras a Marco.

-Señora, me comprometes…

-Si mi esposo se entera diré que yo te ordené ,al fin y al cabo también soy dueña de la casa.

-Está bien. Mañana temprano irán a la casa de un tal Zolomeo, es a unos kilometros de aquí.Tal vez pueda llevarlo.Pensaban reunirse en unas colinas ,pero parece que se volvió peligroso.

-Marco estará pronto apenas salga el sol.Y ni una palabra a nadie.

.-No me gusta mentir a Lucio,pero tal vez Marco pueda recuperar visión si este Hombre lo ve.

-Insisto,lamento haber sido cruel contigo.

-Te entiendo, quizá yo hubiera hecho lo mismo si estuviera en tu situación, pero nunca quise enamorarme de Lucio.

-Eso ya no importa.Te entregaré a Marco al amanecer.

El sol estaba saliendo cuando Gideón y Marco se vistieron con largas túnicas que contenían una capucha en la parte superior.

Nadie debía reconocerlos.Gideón tenía claro de que los soldados romano lo seguían discretamente, y no podía darse el lujo de que lo descubrieran.

"La carrera de Lucio estaría arruinada" -pensó sentando al niño en el aporte delantera del caballo.Y mi vida , no valdría nada.

-¿A dónde vamos tan temprano?-rezongó Marco bostezando.

.A visitar a un amigo que vive lejos .Te gustará el lugar

-Raro papá no me lo comentó.

-Está muy ocupado, seguro lo olvidó-tosió Gideón restándole importancia al tema.

-Buena suerte-comentó Cecilia acercando unos panecillos y una vasija de agua que había preparado para que los hombres viajaran lo más cómodamente posible.

-Esperemos que nos atienda. Y cure al niño- agrego Gideón.

-¿No vienes con nosotros ,mamá?-preguntó Marco.

-Tengo mucho que hacer,pero los estaré esperando.

Luego de un agotador viaje, Gideón ató su caballo bajo un árbol y tomando al niño de la mano lo llevó bien cerca del llamado Hijo de Dios. Como la vez anterior ,el hombre estaba hablando de su futuro reino, y apenas se silenció muchos enfermos fueron llevados a su lado.

-¿Qué está ocurriendo?-preguntó Marco aun mujer que se encontraba parada a su lado.

-El Señor finalizó la disertación Vamos acercarnos para pedirle su bendición ,quizá tengamos suerte y podamos verlo de cerca.

¿Qué sucede?-Dijiste que íbamos a lo de un amigo-retrucó el chico nervioso por el gentío que no podía ver.

-Y no mentí, es un gran amigo-respondió.

-Quiero ir a casa -llorisqueó Marco

Gideón iba a responder, cuando una enfadada mujer se acercó hasta ellos.

-Lo conozco. Usted ese el esclavo romano y con seguridad este debe ser el hijo de su amo. ¡Váyase de aquí!-ordenó.Este lugar no es para ustedes.

-Venimos a pedir ayuda al maestro,este niño es ciego , y caminamos mucho para llegar hasta él.

-él no atiende romanos-rugió esta.

-Déjalo,mujer.Yo decido a quien recibo , ¿no te da vergüenza tratarlo de esta forma?-la increpó Jesús.¡Pueblo necio con el que tengo que luchar!-suspiró mirando el cielo.

-Lo siento-enrojeció la aludida bajando la cabeza.

-Romano ,¿ tienes fe que puedo curar al niño ?-preguntó Jesús mirando fijo a Gideón.

-Si, Señor ,por eso estoy aquí.Y no soy romano,petenezco a la antigua tribu de los partos. Ahora soy solo un esclavo.

-Todos somos seres humanos, y tu amo te tiene un gran afecto. Niño, ordeno que la luz del mundo regrese a ti .La fe de este hombre te ha salvado.

Marco sintió que un leve picor recorriendo sus ojos, y enseguida se restregó los párpados.

-Me duele ,no entiendo que sucede -gimió Marco.

 -Cálmate, querido, ya pasará-intentó tranquilizarlo el esclavo.

-Gideón ,puedo ver-sollozó casi enseguida.¡Puedo ver!-repitió llorando. Inmediatamente Gideón cayó a los pies del Maestro y llorando exclamo, ¿Cómo puedo pagarte?

-Tu fe te ha salvado. Ven y sé mi seguidor.

-No puedo hacerlo, como dijiste tengo un amo y debo obedecer. Bastante problema tendré cuando vea que no cumplí con su mandato. Él no quería que viniera.

-Pero lo hiciste , tuviste confianza en mis palabras y eso te ha salvado.

-Es verdad, supe que eras diferente desde que te vi por primera vez en la montaña. Pero ni un pelo de mi cabeza me pertenece-agregó Gideón.

-Todos tenemos un Amo Mayor en el cielo. Te estaré esperando junto con él .

-Gran Señor, el padre de este niño y yo…somos más que amo y esclavo.

-"*Síganme, y los haré pescadores de hombres. El hijo del hombre vino a ayudar al mundo , no a juzgar*-se retiró dejándolo solo.

-Extrañas palabras-meditó Gideon.

-¿Qué diremos en casa?-preguntó el niño pensativo.

-No lo sé, créeme , ni idea.

-No importa, ¡puedo ver!-gritó observando a la gran muchedumbre que comenzaba a alejarse.

El niño fue disfrutando durante el viaje todos los colores que por tanto tiempo no había podido distinguir hasta que llegaron su casa.

-Vamos a ver a tu madre. Luego hablaremos con Lucio. Creo que será más complejo hacerlo entender.

-No entiendo, él siempre quiso que yo recobrara la vista.

-No es tan fácil-agregó Gideon.

-Allá esta mamá-grito el niño corriendo hacia
ella.
-¿Marco?¿Puedes verme?-sollozó esta
abrazándolo.
-Así es , el hombre de la montaña tocó mis ojos
y los abrió a la luz -la abrazó.
-¡Loado sea ese hombre! Quiero ir a verlo y
mismo y agradecerle, ofrecerle todo lo que
tengo.
-No creo que acepte. Es como un paria ,duerme
donde cae la noche. No tiene un lugar fijo.Pero
la noche parece protegerlo.
-Averigua su proximo lugar de reunión.Deseo
conocerlo personalmente.
-No será fácil,pero lo intentaré.
-¿Entones aseguran que mi esclavo estaba allí
con mi hijo?-peguntaba en ese momento Lucio a
uno de sus principales soldados.
-Sí, Señor. Lo vi perfectamente-reiteró el
hombre.
-Gracias por la información. Iré a conversar con
él y recibirá un castigo ejemplar. Ahora retírense
.Llamen a Gideón-ordenó.

-En seguida, Lucio-asintió el soldado.

Señor, me mandaste llamar-se asomó el esclavo casi de inmediato.

-Creí que había sido claro ,pero igual fuiste a ver a ese tal Jesús.

-Era imprescindible, por la salud de Marco.

-Imprescindible era que me obedecieras.Serás severamente castigado y no volverás a salir del esta casa hasta el día en que regresemos a Roma.Y mucho menos te permitiré acercarte al pequeño Marco.Estás relevado de tu tarea.

-Como ordenes,Lucio.Pero debes saber que prefiero ser castigado mil veces antes que no haber concurrido al lugar.

-Papá-entró el niño gritando en ese momento ,¡puedo ver!

-¿Qué dices?-tartamudeó Lucio.

-Un señor amigo de Gideón toco mis ojos y recobré la vista.

-¿Has hablado con alguien sobre esto?- preguntó Lucio asustado.

-Con Tobías.

-Haremos una cosa: diremos que despertaste y pudiste ver. Nadie debe entrarse de lo ocurrido. Podría costarme mi cargo. ¿Qué dice Cecilia?

-Voy a agradecer personalmente a ese hombre y ver en que puedo ayudar-comentó la mujer entrando en ese preciso instante. Sí duda , es el Profeta enviado.

-¡TE LO PROHÍBO!-gritó Lucio.

-Creo que tu hijo recobró la visión y tú la perdiste .Es e hombre es verdaderamente el Hijo de Dios. Adiós , Lucio.Voy tras él.

-Todos sus seguidores serán castigados, desde el primero al último. Y comenzaré una exhaustiva investigación sobe ese hombre. El prefecto Pilato tendrá que esa hacerse cargo de ese rebelde.

-Haz lo que gustes, estoy dispuesta a morir por él.Logró lo que ningún médico hasta hoy.

-No te llevarás al pequeño Marco-gruño Marco interponiéndose en la puerta de salida.

-No pensaba hacerlo ,pero ¿ cómo justificarás que ve?

-Soy un Senador, no tengo porque dar explicaciones. Un día se despertó y veía. Esa será la explicación que daré y nadie la discutirá..

-Ojala´Tiberio acepte esa loca idea.Que tengas suerte, Lucio.Adiós.

-Si te vas ,serás deshonrada y no podrás volver al Palacio.

-Ya lo he sido muchas veces.Y no pienso regresar.

-Mamá , no me dejes,por favor-lloró el niño.

-Gideón,Tobías y papá estarán contigo.Ya eres un hombrecito.

-Pero te extrañaré-sollozó.Ninguno es como tú.

-Debo agradecer al hombre que te devolvió la vista.Y luego vendré por ti.

-Ni muerto dejaré que lo arrastres a tus locuras -gritó Lucio golpeando una mesa.

-Ve , mamá. Y dile gracias de mi parte-acotó el niño con madurez.

-Así lo haré . Y no te olvidaré puedes estar seguro. Ahora debo partir antes que llegue la noche o correré peligro en las solitarias calles.

-Te irás con lo puesto, si ese hombre es tan milagroso te dará vestimenta.

-He oído que viste a los pájaros y a las flores, ¿cómo no vestirme a mí?Adiós, Gideón.Y perdona mis maldades respecto a tu persona. También estaba ciega.

-Señora. No hay nada que perdonar,volveremos a vernos.

-No lo creo, serás un esclavo más de esta casa.Sin privilegias de ningún tipo.No vuelvas acercarte a mi hijo.Por al afecto que te tengo,tienes suerte de que no te mande vender -ordenó un furioso Lucio. ¡Has destruido a mi familia!

-Como ordenes,Señor.Con permiso.

-Fuera de mi vista.Debo pensar-rugió Lucio furiosamente.Tobías, hazte cargo de Marco.Y si alguien pregunta, no sabes cómo ,pero de pronto comenzó a ver-ordenó Lucio.

-Como digas ,Señor -asintió el hombre haciéndole un gesto al niño.

" *La recompensa de una buena acción es el haberla hecho.* "
  Séneca

Capítulo VII

-¿Dicen que mi ahijado Marco, el hijo de mi amigo ,el Senador Lucio recobró la vista sin ser visto por ningún médico?-preguntó Tiberio masticando ociosamente una manzana. ¿Y cómo fue? Le he enviado a los principales médicos el Imperio y todos coincidieron en que no había posibilidades de que Marco volviera a ver.

-No se sabe -respondió su hombre de confianza. Algunos dicen que Gideón, el esclavo que tú le regalaste lo llevó a visitar al hacedor de milagros, a quien los judíos llaman hijo de Dios...

-No todos los judíos lo llaman de esa manera, algunos lo llaman embaucador,pero en fin ,dejemos ese tema. ¿Cómo Lucio Pompeu consistió en algo así?¡Nunca debí enviarlo a esas tierras inhóspitas!! Seguro se ha contagiado de tanta locura e ignorancia. Enviaré un correo que venga de inmediato junto a su famoso esclavo, sabía que traería problemas apenas lo vi.

-Algo más, Señor-comentó el emisario.

-Habal de una vez.

Parece que su esposa Cecilia se fue tras ...el hombre. Y que Lucio y el tal Gideón son amantes.

Un helado silencio cruzó el recinto del palacio, hasta que Tiberio volvió a hablar.

-Quiero a Lucio y Gideón lo antes posible. Sí es verdad que mi amigo se ha acostado con ese hombre debe ser castigado. Parte ya mismo para Judea, tienes un largo viaje por delante- comentó con voz cortante.

-En seguida ,Señor.

-Lucio Pompeu,el más confiable de mis Senadores.Debe haber una explicación para esto. Y quiero escucharla, no puedo condenar a un leal servidor por habladurías del populacho- rugió Tiberio comprobando que estaba solo.

Tobías fingió detenerse en un puesto del mercado al oír los comentarios de varias personas que conversaban paradas junto a un local de hortalizas.

-Dicen que Jesús devolvió la vista al hijo del Senador Lucio Pompeu,y el Emperador envió a buscarlo. Parece que quiere castigarlo por haber visitado a ese hombre.

-Y todavía su esposa desaparece casi al mismo tiempo,dicen que fue tras el hombre.¡El Senador podría ser condenado a muerte!-suspiró otra mujer.

-Es una pena, en realidad es un hombre no molesta. ¡Quien sabe que loco puede venir en su lugar!

-Mejor nos disgregamos, allí vienen guardias a caballo. La cosa está que arde-exclamó la compradora marchándose velozmente

-Debo avisar a Lucio lo que está sucediendo en Roma,tiene que estar preparado para lo que se viene-comentó Tobías subiéndose la capucha para que nadie lo reconociera.

-Retírate, esclavo, sal de nuestro camino o te pasaremos por arriba -ordenó un soldado al verlo caminar por la calle.

-Perdón ,Gran Señor-respondió con humildad.

-Por lo menos esta escoria es educada-río el Centurión.

-Señor-gritó Tobías entrando desesperado a al despacho de su amo. Traigo malas noticias.

-¿Qué sucede ahora?-preguntó el hombre azorado por los gritos.

-Parece que Tiberio se enteró de lo de tu hijo y no le cayó nada bien .Por eso, ha mandado un emisario a buscarte junto con Gideón.También está al tanto de lo de Cecilia.

-¿Estás seguro de lo que hablas?

-Era el chismerío del mercado. Sabes que el populacho está bien informado

-Debo pensar algo antes de que llegue el enviado de Tiberio. No solo perderé mi cargo sino que corro peligro de muerte.

-Y ni que hablar de Gideón.Irá al circo,o las galeras-susurró Tobías.

-Debo sacarlo de aquí-comentó Lucio pensando en el esclavo el que se había mantenido alejado los últimos tiempos. Lo amo demasiado para permitir que tenga un fin tan terrible.

-Sí aceptas una humilde opinión,Señor, deben huir. Los dos .

-¿Y que haré con mi hijo? También corre peligro.

-Es verdad. Deberías hablar con Cecilia, ella tiene familiares importantes en Judea, quizá puedan hacerse cargo del chico.

-No lo creo, son gente de prestigio,fieles
servidores del emperador.

-Nada pierdes por preguntar, a veces no todo es
como parece-arriesgó Tobías.

-¿Tú también ,Tobías? -preguntó Lucio.

-No sé a qué te refieres,Señor.

-Está bien,búscala,yo mientras hablaré con
Gideón ,¿lo has visto por aquí?

-Si, estaba limpiando los establos.

-Voy inmediatamente-asintió Lucio.

-Yo saldré en busca de Cecilia, aunque no será
tan fácil-acotó Tobías.

-Algo más-comentó Lucio.

-Dime ,Señor.

-Voy a liberar a los esclavos. La casa debe estar
vacía cuando el emisario de Tiberio llegue.O
todos serán vendidos sin piedad.

-Bien ,Señor.Es una excelente idea.

-Corre, ve ya mismo en busca de Cecilia.

-Voy, Señor de inmediato.

-Y luego,prepara las cartas de manumisión para todos.El tiempo apremia,el emisario de Tiberio no demorará mucho en llegar. Voy a conversar ya mismo con Gideón.

El esclavo se hallaba acariciando a Solimán ,su caballo preferido cuando sintió que alguien entraba al establo.

-Hola,Gideón-saludó Lucio.

-Amo-se inclinó servilmente. Tú aquí.

-Déjate de tonterías-gimió el hombre haciendo salir a todos los demás sirvientes .Tenemos que hablar. ¿por qué no sales como ordené?-gritó a un chico que se demoraba en acomodar un balde. Y cierra la puerta.

-Si, amo-asintió el chico corriendo hacia la salida.

-Entonces ,Lucio, ¿qué sígnica tu visita?

-Que te he extrañado.Demasiado-gimió tomándolo entre sus brazos para besarlo. Y que no aguanto un minuto más sin ti.

-Tampoco yo-sollozó Gideon apoyándose en el hombro un poco más bajo de Lucio, y créeme que todo lo que hice fue por amor a Marco. Jamás quise desobedecerte.

.No hablemos de eso ahora, tenemos poco tiempo-insistió tirándolo sobre un montículo de heno seco.

Gideon sé entregó sin poner resistencia, y quitándose la ropa sin dudar, los desnudos hombres se amaron como si el mundo se terminara ese día.

-Por los Dioses, cómo extrañé tu aroma -susurró Lucio en los labios de su amante.

-Me alegra que me hayas perdonado, mi vida no tenía sentido sin ti. Casi prefería morir.

-Tampoco la mía-sonrió Lucio. Pero en realidad, debó decirte algo importante que cambiará nuestra vida.

-¿A que te refieres?

-Debemos huir. Tiberio se enteró acerca de lo de Marcos, y además sabe que somos amantes.

-Entonces yo debo huir, no tú. Fui yo el que llevó a Marcos con el milagrero.

-Nos quiere a ambos, y Tiberio es un hombre que solo conoce de extremos. O te ama o te odia, y puede ser muy cruel. No podemos arriesgarnos.

-Jamás imaginé que esto ocurriera.

-Por otro lado no soportaría estar lejos de ti,especialmente sabiendo que tu vida corre peligro . Nos iremos lo antes posible.

-¿Y Marco?¿Y los esclavos?

-Liberaré a todos los siervos. Y esperaremos que Cecilia venga por el niño, Tobías salió a buscarla. Ella sabrá qué hacer con él. ¡Ni imagino si Marco cae en mano de Tiberio! Ahora que pienso, querrá interrogarlo también.

-Nunca pensé causar tanto revuelo-se lamentó Lucio. Pero lo volvería hacer, Marco es feliz pudiendo ver el mundo que lo rodea.

-Y te lo agradezco. No sé qué ocurrió allí, pero arriesgaste tu vida por la de mi hijo. Creo que el miedo y los celos me jugaron una mala pasada, pero hiciste lo correcto. Y te amo más por eso-acotó besándolo.

-En realidad, tampoco sé lo que sucedió , salvo que no es el único que fue curado. Y que sea quien sea, ofrece una paz como ningún otro Ser Humano me ha transmitido jamás.

-Dejemos el tema por ahora, nos queda poco rato y pretendo que seas mío una vez más-susurró Lucio sobre el sudado cabello de su amante.

-Señor-exclamó Tobías golpeando la puerta. Cecilia esta aquí, te espera en tu despacho

-Lo siento, esto deberá quedar para después-sonrió Lucio vistiéndose sin demora.

-Tenemos mucho tiempo por delante-exclamó Gideón."O eso espero"

Lucio entró al recinto indicado y no podo evitar sorprenderse al ver el cambiado aspecto de su exmujer. Cubierta con un manto humilde, sin joyas y mucho más delgada ,parecía diferente a la persona con la cual se había casado…

Cecilia…estás cambiada.

-Soy yo, aunque no me reconozcas.

-Estás…más hermosa que nunca-confesó Lucio.

-Gracias. Té veo bien también. Tobías me explicó el motivo de tú búsqueda , y tengo un excelente plan para esconder a Marco.

-¿Dónde puede quedarse hasta que pase el temporal? -preguntó el hombre con amargura.

- Tengo familiares importantes en Jerusalén ,y varios seguidores del maestro. Lo llevaré con mi tía Lucia que lo mezclará con sus seis hijos, Tiberio nunca lo encontrará allí.

-¿Pero su familia que dirá?

 -Lucia ama a los niños, muchos son adoptados. A nadie le llamará la atención otro chico.más.Ahora, llévame con Marco, añoro verlo y explicarle la situación que va vivir. Por otra parte. Será una excusa para visitarlo más seguido.

-Ten cuidado. Si te reconocen podrían atraparte y llevarse al niño.Incluso,venderte como esclava.No creo que tu familia se encuentre muy feliz con tu actitud.

-Tienes razón, deberé tomar las máximas precauciones.

-De acuerdo, hay cosas que debes saber.

Mañana de noche esta casa quedará vacía.

Marco sintió que su corazón explotaba de gozo

al encontrarse con su madre, que tras los

abrazos y besos pertinentes ,decidió explicarle

el motivo de su visita.

-¿Y esa tía me querrá? No la recuerdo-resopló

el niño frunciendo su pecosa nariz.

-Te adorará, ella me crio gran parte de mi vida.

Y luego estaremos definitivamente juntos.

-¿Lo prometes?

-¿No volví por ti como había quedado?

-Es verdad. Iré a preparar algo de ropa y mis

juguetes preferidos.

-No demasiados, recuerda que no podemos

llamar la atención.

-¿Y papá , Gideón y Tobías?¿Vendrán también

con nosotros?

-Tobías ira a visitar su familia que hace tiempo

no la ve,en cuanto papá y Gideón…

-Sé cuánto se quieren , imagino que irán

juntos.¿Todo esto que ocurre es por mí

verdad?-preguntó el niño .

-Puedes ver, y eso es todo lo que interesa .
¿Por qué el padrino Tiberio está enojado
conmigo ?Pensé que me amaba.
-Y lo hace,pero te lo contaré en el viaje. Ahora
apúrate, debemos partir.
Lucio pasó toda la tarde escribiendo las cartas
de manumisión para cada uno de sus
esclavos.Tenía planeado huir al final de la noche
con Gideón,luego de Cecilia se fuera con su
hijo.
-Aquí está el último papel .Por favor
distribúyelos y vete-comentó el hombre a
Tobías. .A Gideón se lo entregaré yo mismo
-Señor-sollozó Tobías. Ha sido un placer
servirte, no imaginas como te extrañaré.
-Deja de llorar y prepara tus cosas. Debes saber
que esta casa no hubiera sido lo mismo sin ti.
-Si lo deseas ,puedo ir con ustedes, o con
Cecilia y tu hijo. En realidad, mis familiares más
queridos han fallecido.
-No puedo pedirte ese sacrificio-comentó el
hombre.

-Será un honor para mí. Además, he escuchado a quien le dicen Nazareno y me interesan sus palabras.

-Lo imaginaba, Tobías.Hablaremos con Cecilia y Marcos,creo que mi hijo estará muy feliz de que vayas con ellos.

-Y yo también-sonrió el viejo animadamente.Si me permites ,iré a darles la noticia.

-Hazlo, yo debo terminar de hacer algunas cosas.

La despedida de Marco con su padre y Gideón fue decididamente desgarradora.El niño no lograba comprender el motivo real de todo lo que estaba sucediendo, y mucho menos quería abandonar su casa.

-No me quedaré con la tía Lucía.Quiero estar con mamá y Tobías.

-Será muy difícil, hijo.Pero debes quedarte un tiempo ,iré por ti cuando todo se acomode- insistía Cecilia.

A duras penas, el niño aceptó el acuerdo establecido, y tras despedirse de los caballos que su padre muy pronto soltaría en las praderas se marchó acompañado de Cecilia y Tobías.

-Cuídate, hijo. Debes ser valiente.

-Te lo prometo,padre.Hasta la vista-volvió a besarlo. Adiós, Gideón.Y gracias por todo..

-Voy a extrañar nuestros paseos.Y darle de comer a los peces de colores-comentó el esclavo secándose las lágrimas.

 -Regresarán los buenos momentos. Lo prometo-asintió Lucio con seguridad.

-Debemos irnos, ya está oscureciendo-acotó Cecilia.

-Vaya, no hagan esto más difícil -susurró Lucio. Gideón observaba la solitaria casa en el momento en que una mano se apoyó sobre su hombro.

-Esto es para ti-sonrió extendiéndole un papel. ¿Qué es?-preguntó extrañado.

-Tu libertad. Puedes ir y hacer lo que desees. Y si mie ocurre algo, nadie podrá disponer de ti.

-Creo que lo sabes. Nunca seré libre, tu amor me ha convertido en tu esclavo eterno.

-Y a mí en el tuyo. La primera vez que te vi,prisionero de Julio, supe que mi vida nunca volvería a ser la misma .Y tenía razón-sonrió besándolo con suavidad.

La luna brillaba con fuerza mientras los dos hombres se amaban por última vez en la solitaria casa. La oscuridad absoluta reinaba en el lugar ,y solo sé escuchaba cada tanto el suave sonido del viento mezclado con el croar de las ranas y el canto de los grillos.

Cerca del mediodía, el emisario de Tiberio golpeó las manos ,extrañado de que nadie saliera a recibirlo. Asombrado entró al lugar ,espantado al encontrar dos linyeras durmiendo en el vestíbulo.

-¿Dónde está la gente de esta casa?-preguntó con severidad.

-No lo sabemos. La puerta estaba abierta cuando llegamos y no había nadie. No tocamos nada, solo aprovechamos a descansar bajo techo.

-Seguramente se enteraron de las órdenes de Tiberio y huyeron, esto no presagia nada bueno- acotó el hombre. Debo avisar al Emperador lo sucedido. ¡Regresemos de inmediato a Roma!
-Malditos-vocifera Tiberio al enterarse
.Confisquen la casa y los bienes del Senador Lucio Pompeu.Otorgaré una gran recompensa para quien me lo entregue vivo.
-Sí, Señor-exclamó el soldado.
-Puedo perdonarte muchas cosas,Lucio,pero no que me hayas abandonado en manos de mis enemigos.¡Sabes lo importante que siempre has sido para mí!
Lejos de Roma, la pareja caminaba libremente por las calles y campos sin que nadie les prestara atención.¿Quién daría corte a dos vagabundas que reían como locos?
-Las praderas serán nuestro lecho y las estrellas cuidarán nuestros sueños, ¿imaginaste alguna vez destino semejante ,Lucio?

-Nunca. Pero bienvenido sea si es a tu lado-
exclamó. Y no digas mi nombre en voz alta
,recuerda que Tiberio debe estar buscándome.
Más bien , a los dos-sonrió sintiéndose más libre
que nunca.

-Es verdad, nuestra cabeza tiene precio-aceptó
Gideón carcajeando con tal fuerza que varias
personas se detuvieron a mirarlos.

-¿Una monedita,por favor?Soy un Senador en
desgracia-pidió Lucio ante la fuerte carcajada de
su amante.

-Aléjate , vagabundo-lo empujó un hombre que
caminaba por el lugar.

"Cuando la situación es adversa y la esperanza poca, las determinaciones fuertes son más seguras"
Tito Livio

<u>Capítulo VIII</u>

Gideón abrió los ojos y golpeó disimuladamente a su compañero. Los pájaros matutinos mantenían un obstinado silencio , y el bosque en su totalidad parecía estar a la espera de que algo sucediera.

-Lucio debemos marcharnos rápidamente.Estoy seguro de que alguien se acerca, deben ser legiones romanas-comentó Gideón gran conocedor de los montes.

-Deja de preocuparte, bajo estos frondosos árboles y lejos de la carretera no podrán encontrarnos.

-Insisto en que hay demasiada quietud, será mejor irnos-se levantó tomándolo de un brazo.

-Está bien. Tú conoces esta vida salvaje mucho mejor que yo-se paró Lucio estriando sus brazos para desperezarse.

Apenas se había puesto de pie cuando dos redes cayeron sobre los hombres.

-Maldición no han atrapado-exclamó Gideón tratando de sacar su espada.

-¡Debí hacerte caso! Fui un idiota-gritó Lucio

-¡Los tenemos!-gritó un desdentado hombre. Obtendremos una buena suma por estos dos tipos tan robustos y sanos.

Finalmente sintiéndose vencido, Gideón levantó la cabeza y vio varios hombres que saltaban y aplaudían alrededor de ellos. Más atrás ,otros prisioneros fluían encadenados sin poder moverse.

-Te dije que debíamos seguirlos desde que los vi salir desde la aldea hacia los bosques, con ese aspecto de muertos de hambre ¡Algo debían tener bajo las mangas!

-Malditos -gritó Lucio descontrolado. Esto les saldrá caro, no saben con quienes se han metido.

 -Cállate-ordenó Gideón.No digas una sola palabra más.

-¿Qué es lo que no debería decir?¡Habla!- ordenó el delincuente.

 -Que soy el Rey de los Partos-exclamó Gideón desafiante.

-Entonces obtendremos más dinero. Átenlo con el resto y salgamos ya mismo para el puerto -ordenó el mismo tipo.

-¿Quiénes son los partos?-preguntó otro de los captores.

-No lo sé, pero si dijo que es un Rey, debe serlo. Por las dudas , pongamos atención.

-Casi metes la pata-murmuró Gideón en oídos de su amante para que nadie pudiera escucharlo.Si saben que eres el Senador requerido nos entregarán. Así por lo menos tenemos ocasión de salvas nuestras vidas.

-Tienes razón, me dejé llevar por la cólera-comentó Lucio.

-No hablen entre ustedes-lo abofeteó uno de los mercaderes. O no recibirán agua ni comida.

-He sobrevivido a cosas peores que esta-escupió Gideón.

-Eres rebelde,parto,ten cuidado.No me gustaría venderte marcado por latigazos.Eso abarataría el costo, aun siendo rey.

-Quizá no tengas más remedio-escupió Gideón.

.-Así que eres un vivillo.No los alimenten hasta llegar al puerto.Parece que no tienen hambre.

Los mercaderes llegaron al puerto con su mercancía humana , y rápidamente comenzaron a conciliar ofertas.

-Observa aquellos dos-comentó el jefe de la expedición.Parecen titanes.

-Los titanes suelen dar mucho trabajo. Prefiero esclavos más humildes,son menos costosos y se venden con más facilidad.

-Entones nos vamos, habrá quienes valoren nuestro sacrificio por traerlos hasta aquí..

-Espera, entra a mi oficina y conversaremos. Probablemente llegaremos a un acuerdo.

-Ya que insistes-sonrió el achacoso mercader.

Lo esclavos yacían tirados en un rincón ,cuando un soldado romano que estaba de guardia le pareció reconocer a uno de ellos. "Debe ser mi imaginación, pero por las dudas ,preguntare´"

-¿Senador Lucio Pompeu?-preguntó con curiosidad.

-Te equivocas, mira si un Senador va a estar mezclado en un grupo de esclavos-respondió este asustado por la identificación del soldado.

-Soy el Centurión Curio Sixto .Nunca olvidaría el rostro de quien me salvó la vida. Y tú arriesgaste la tuya por mí en una cruenta batalla contra los marcomanos. Estoy al tanto de lo que ocurrió con Tiberio, y si bien no creo en eso de los milagros, estoy seguro de que han sido injustos contigo. El barco zarpa esta noche así que haré una buena oferta por ti y en cuanto oscurezca vendré a buscarte..

-¿Harías eso por mí?-sollozó Lucio.

-Te lo dije. Estoy con mi familia gracias a ti. Y eso no hay precio que lo pague.

-Este hombre va conmigo-comentó Lucio tomando de la mano a su amante.

-Lo sé. Tu historia con Gideón es más conocida de lo que crees. Me refería a los dos, pero no digan una palabra, apenas caiga el sol estaré con ustedes.

-Gracias, estaremos atentos.Y nunca olvidaré lo que haces por nosotros.

-Recuerden , ni una palabra. Nada parezca sospechoso-

-¿Qué miras tanto a nuestros esclavos?-exclamó uno de los mercaderes.

-Los estoy revisando.Me gustaría quedarme con los dos.Estoy ampliando mi casa y necesito sirvientes. ¿Cuántos pides por los dos?

-Por 3000 sestercios puedes quedártelos.

-¿No crees que son muy caros?-fingió regatear el soldado.

-Tómalos o déjalos, habrá más interesados.

-Me los quedo. Toma 1000 sestercios en garantía, y apártalos en un rincón con bastante agua y comida. Pero no trates de engañarme , o tú serás él que irá en ese barco.Pero muerto.

-No, Señor, ya mismo los separo. ¡Aten a estos tipos bajo el árbol más frondoso! Y denles agua y comida hasta que estén saciados.

-Nos vemos luego-acotó el soldado romano. Traeré el resto del dinero.

-Quedo a la espera-río el jefe de los mercaderes.Avisaré al Capitán del barco que estos fueron vendidos.

-No vemos en un rato. Y además del dinero, traeré dos espadas. Las van a precisar-susurró en la oreja de Lucio.

-Perdiste tu dinero por nosotros-comentó el Senador.Pero algún día te recompensaré tu acción.

-Ya lo hiciste, deja de preocuparte y prepararte para lo que se viene. No será nada fácil -se marchó guiñando un ojo a los hombres.

Las estrellas comenzaban a iluminar a las solitarias callejuelas. y Lucio se turnaba con Gideón para dormir, por si alguno de los mercaderes intentaba golpearlos o algo peor…Aparte, debían esperar atentamente a Curio que no demoraría mucho en llegar.

-¿Crees que tu amigo regrese?-preguntó Gideón.

-Eso espero, sino estaremos perdidos.¿Y para qué dar ese dinero si no piensa volver?

-Ahora eres tú él que tiene razón.

Había pasado un corto rato, cuando varias pisadas sonaron alrededor de los hombres.

-Aquí estoy-susurró Curio Sixto apareciendo entre las sombras y cortando las cadenas. El dinero y las armas que les prometí .Ahora serán libres.

-Gracias, Curio. Jamás olvidaré lo que hiciste por nosotros.Salvaste nuestra vida y me hiciste creer que todavía queda gente confiable-reiteró Lucio.

-Como tú la mía. Y apúrense, he visto varios guardias por el lugar. No podría defenderlos si los atrapan. Y deben estar nervioso esperando el resto del dinero.

-Vete-acotó Lucio al soldado. Ya te comprometiste demasiado.

-En realidad ,hoy era mi día libre, pero cambié el día con un compañero enfermo. No hay duda que los Dioses dirigen nuestra vida. Me voy, escucho pasos-agregó el hombre perdiéndose en la oscuridad de la noche.

-Son los esclavistas, deben estar esperando a Curio-aseguró Gideón.

-Pues tendrán una sorpresa. Y también que Curio, que obtendrá nuevamente su dinero.

-¿Qué piensas hacer?

-Lo que corresponde. Justicia-asintió Lucio
preparando su espada.

-Parece que los dejaron olvidados-comentó el
jefe de la expedición acercándose a los hombres
. Si mañana el solado no vuelve con lo que
debe, volveré a venderlos. ¡Casi desearía que
no regresara, así obtendría más dinero!

Lucio sintió que su sangre comenzaba a hervir ,
y levantándose bruscamente del suelo le puso la
espada en el cuello.

-¿Dónde tienes el dinero que te dio el soldado?

 -Suéltame o gritaré -amenazó el hombre.

-No tendrás tiempo-asintió comenzando a cortar
la piel del prisionero. Repito:¿Dónde tienes lo
que te dio el soldado romano?

-No lo recuerdo-vociferó.

-Una pena-suspiró Lucio mientras la sangre del
mercader comenzaba regar el sucio suelo.

 -Lo tengo en el bolso- señaló una cartera que
llevaba colgando contra su vientre.

-Gracias. Fuiste muy amable al decírmelo-sonrió
cortándolo el cuello

-Por los Dioses-susurró Gideón.Te has vuelto loco.

-Ayúdame a tirarlo al mar, un buen bocado para los peces-río Lucio. Y corramos , escucho pasos. Deben ser los secuaces de este tipo.

Gideón ayudó a levantar el pesado cuerpo del hombre y tras tirarlo al agua, los hombres emprendieron una rápida marcha.

-Allí hay varios caballos de los mercaderes,aprovechemos a elegir dos ya que los tipos han quedado dormidos como bebés.El alcohol ha hecho estragos con ellos.

-Huyamos de una vez-exclamó Gideón.No perdamos más tiempo.

-Si, pero debo hacer algo antes de huir.

-¿A que te refieres?

-Quiero averiguar donde vive Curio y entregarle lo que pagó por nosotros.Estoy seguro de que algún día volveremos a encontrarnos, pero por las dudas , prefiero que reciba hoy mismo esa importante suma.

-Está bien , le devolveremos el dinero y luego desapareceremos para siempre-aceptó Gideón poniéndose en marcha.

- En cuanto cumplamos con nuestro deber , será mejor soltar también los animales, es peligroso andar con caballos robados-comentó Gideón una vez llegaron a casa de Curio.

-De acuerdo,pero , apurémonos, falta poco para amanecer-agregó Lucio.

-Eres un buen hombre para ser Romano, Lucio-bromeó Gideón.

-Lo mismo opino de ti, parto.

Recién estaba saliendo el sol, cuando Curio abrió los ojos y salió al porche de su casa campestre.

-¿Qué es ese pequeño bolso?-exclamó tomando la cartera que estaba sobre una pequeña mesa casi contra a puerta de entrada. Marcio ,que es esto?-preguntó a un esclavo que caminaba por los alrededores.

-No lo sé, estaba allí cuando me desperté. Pensé que lo habías dejado olvidado y preferí no tocarlo.

-Que extraño-comentó abriendo el pequeño bolso de cuero sorprendiéndose al ver el dinero que había dejado de seña por los esclavos junto con un dedo del mercader.

 -Volveremos a encontrarnos. Gracias-decía un pequeño mensaje.

El hombre guardó el dinero entre sus manos y caminó hacia el chiquero.

-Tomen ,chicos, y no peleen. Un premio especial-sonrió el dedo que cortó en trozos para repartir entre los cerdos.

Lucio y Gideón habían retomado su camino , pero esta vez con más precaución que antes.

-¿Hacia dónde iremos?-preguntó Lucio.

-No lo sé. En todos lados corremos   peligro-acotó Gideón.

-Mira . Allá va el milagrero con su séquito. Tal vez podamos unirnos a esa multitud ,nadie imaginará que estamos tan cerca-comentó Lucio.

-Creo que es una buena idea. Vamos -aceptó Gideón mezclándose en el grupo.

"Les digo que de la misma manera, habrá más alegría en el cielo por un pecador que se arrepiente, que por noventa y nueve justos que no necesitan arrepentirse" -comentaba el hombre en ese momento.

-Otra vez debo darte la razón,que hombre tan misterioso-comentó Lucio sintiendo en ese preciso segundo la cálida mirada del hombre sus ojos.

-Si. Habla cosas difíciles de entender-aceptó Gideón.Por lo menos para mí que soy un burro, pero tú tienes más cultura.

-Igual no lo entiendo-insistió Lucio sintiendo una especie de fuego interior en su corazón. ¿Será qué me estará por dar un ataque?-pensó.

"Bienaventurados los que son perseguidos a causa de la justicia, porque de ellos es el reino de los cielos"-seguía predicando el Hombre.

-¿Eres tú el Mesías esperado?-preguntó una mujer deteniéndolo

-¿Lo crees tú?-respondió el hombre.

-Si, lo creo-afirmó la mujer.

-Tiene un corazón sabio, has hablado con la verdad. "Ánimo y levantad la cabeza porque se acerca la liberación"
 -Mejor nos vamos, habla contra Roma y puedo permitirlo-acotó Lucio enfadado.
-Creo que no es al Imperio Romano al hace referencia,, además aquí estamos seguros, y después de todo, Roma te expulsó cruelmente. ¡Con todo lo que hiciste por ella y todavía la defiendes !-exclamó Gideón.
-No fue Roma , fue Tiberio.
-Es la misma cosa, y preferiría quedarme aquí algunos días, hasta que nos olviden-reiteró Gideón.
-De acuerdo, permaneceremos un tiempo.
Los días pasan rápidamente, y Lucio se había acostumbrado bastante al grupo cada vez más grade.
-Por lo menos estamos a salvo, ¿quién va imaginar que estoy escondido en este sitio?-reflexionó mientras caminaba más cerca de Jesús para escuchar mejor su sermón.

"Que cosas tan inentendible dice a veces"-
insistió sintiendo nuevamente sobre sí la sonrisa
del hombre que se dirigía hacia él.
-¿Como sigue tu hijo?-preguntó el hombre
inesperadamente a Lucio.
-¿Mi hijo? -titubeó el Senador,
-Sí el pequeño, que trajo tu amigo para que lo
curara.
-Perfectamente. No sé cómo lo lograste ,pero
muchas gracias. Los principales médicos del
Imperio se habían dado por vencidos.
-Ya lo comprenderás, todo es posible para aquel
que fue enviado por su Padre para salvar a la
humanidad . Ahora debo seguir-sonrió
marchándose.
-¿Atacarás a Roma cuando armes un ejército?-
arriesgó Lucio
-Mi ejército de ángeles está en el cielo,
dispuesto a defenderme si los llamo. Pero no es
así como lo dispuso mi Padre.
-Eso me tranquiliza -contestó Lucio pensando
que el hombre estaba verdaderamente loco.

"Ttodavía hay una cosa que falta en cuanto a ti: Vende todas las cosas que tienes y distribuye entre los pobres, y tendrás tesoro en los cielos; y ven, sé mi seguidor"-murmuró mirando fugazmente a Lucio.

-Creo que estoy agotado, iré a dormir junto a Gideón.Mañana verá las cosas con más claridad, quizá sea hora de seguir nuestro camino-susurró acomodándose junto a su amante que no hizo un movimiento de reconocimiento.

"No se angustien por el mañana, el cual tendrá sus propios afanes. Cada día tiene ya sus problemas"-escuchó cerrando los ojos agotado por el cansancio del día

-Es tal como dijo Gideón,parece que leyera las mentes -susurró Lucio sintiendo que iba quedándose dormido.

-Por supuesto. Y los corazones, es el Hijo de Dios-acotó Gideón entre sueños.

-Realmente, aquí está todos locos. Debo convencer a Gideón para irnos antes de que se contagie Si ya no lo está-susurró durmiéndose.

" En ninguna parte puede encontrar el hombre
un retiro más tranquilo y menos agitado que en
su propia alma."
Marco Aurelio

Capítulo IX

Finalmente los hombres no se fueron tan rápido como habían pensado. Gideón parecía embelesado por las enseñanzas del Maestro, y Lucio no quiso desilusionarlo marchando a un sitio desconocido y repleto de peligros.
-"Hemos pasado muchos sufrimientos ,nada malo nos hará quedarnos un poco más-repetía tratando de negarse a sí mismo que también las enseñanzas del hombre habían logrado despertar su curiosidad."
-Realmente sus parábolas son impactantes -repetía Gideón, tiene unan claridad y una lucidez pocas veces vista.Y cada vez hay más gente que lo sigue.

-Esto va traer consecuencias-pensaba Lucio. No creo que al Sanedrín les guste una persona que se autoproclame Rey de los Judíos. Pero si te hace bien escucharlo, nos quedaremos más tiempo. De cualquier forma ,aun no tengo claro donde podemos ir-respondía Lucio con amabilidad.

-Dicen que corrió a los Mercaderes del Templo de Jerusalén ,con la excusa de que habían trasnformado la Casa de su padre en una cueva de ladrones.

-Insisto, no le veo buen final a esta historia-murmuró Lucio alejándose de la montonera.

-Lucio-escuchó una conocida voz femenina llamándolo.

-¿También ustedes ,Cecilia?¿Tobías?-peguntó Lucio abrazándolos.

 -He pecado muchísimo en la vida ,pero él me ha perdonado. Y me dio la posibilidad de otro comienzo-argumentó la mujer. Ahora comprendo lo equivocada que estuve durante toda mi vida, por eso nunca logré ser feliz.

-Yo siempre he sido su seguidor, Señor-contó Tobías levantando los hombros en un gesto de disculpa.

-Parece una sesión de hechicería colectiva, todos los siguen y escuchan como si fuera un Dios.

-Él habla de Dios como su padre ,Señor- comentó Tobías.

-¿Por qué no una sesión de amor, Lucio?- susurró Gideón que se había acercado a su lado.

-De cualquier forma, no creo que acepte gente como nosotros. Sabes a lo que me refiero,Gideón.

-¿Tan raro somos, Lucio? Déjame creer que no es así ,simplemente nacimos en un tiempo y lugar equivocado.

Estaban en plena conversación ,cuando un anciano judío se arrodilló a los pies de Jesús y suplicó por la salud de un siervo de un Centurión romano muy querido por él.

-Se está muriendo ,y su amo lo ama mucho. Por favor sálvalo,ese soldado ha hecho mucho por nosotros Incluso colaboró en la edificación de una Sinagoga.-rogó el anciano. ¡No soporto verlo tan triste!

-¿Por qué no vino el mismo a pedir por su esclavo en vez de enviar a otros ?-rezongó Jesús.

-Pues no se considera digno de estar frente a ti, pero tiene profunda fe, y cree que alcanza con que tú ordenes que cure para que eso pase.

-¿Tan grande es su confianza en mí -preguntó extrañado. Es un Romano.

-Por eso no vino, es tan consciente de su posición que ni siquiera puede imaginar estar en tu presencia. Teme ofenderte. Pero no podrá vivir si su siervo muere. Lo ama demasiado-sollozó el anciano.

Jesús miró con misericordia al hombre y sonriendo levantó al hombre del suelo.

-.Cuando regreses a su casa el esclavo estará curado. Su fe lo ha sanado.Levántate y ve con él.

-Gracias, Señor, Bendito seas.

-Bendito es mi Padre que está en el cielo y que me envío para salvarlos. Vete ahora, tienen mucho que festejar—asintió el Hijo del Hombre.

-¿Ahora no solo aceptas Romanos sino que también curas pervertidos? Es clara la relación que hay entre ese soldado romano y su siervo.

-¿Quién dijo esas palabras?-exclamó Jesús haciendo como que no lo había notado.

-Fui yo-se paró un hombre vestido con ropa que señalaban riqueza.

-¿Por qué miras la paja que está en el ojo de tu hermano, y no te das cuenta de la viga que está en tu propio ojo?"

"No juzguen para que no sean juzgados"." Aquel de ustedes que esté sin pecado, que tire la primera piedra.

Un silencio absoluto recorrió el lugar hasta que Jesús miró fijamente al hombre y rogó:

-Perdón, Señor-susurró el hombre. Los celos y la altivez me han cegado.

-Está bien."Si quieres ser perfecto, ve *y* vende lo
que posees y da a los pobres, y tendrás tesoro
en los cielos; y ven, sígueme"
-Lo siento, creo que tengo una imagen
equivocada de ti. Esto no es lo que yo pensaba-
mencionó marchándose triste porque era
poseedor de muchos bienes.
-: En verdad les digo que es más fácil que un
camello pase por el ojo de una aguja, que el que
un rico entre en el reino de Dios- explicó
cambiando de asunto.
-¿Va esta moraleja para nosotros?-preguntó
Gideón a su amante.
-No lo sé, pero me ha sorprendido. Es todo lo
que puedo decir, aparte de que nunca podría
dejar de amarte.
-Tampoco yo, pero creo que sus enseñanzas
tienen un contenido tan profundo que estoy
seguro de que ninguno de los presentes ha
logrado comprenderla en su totalidad. Y pasarán
siglos antes de que sean comprendidas en su
totalidad.

-Es probable. Vamos a comer algo y a descansar. Mañana será un arduo día.

Tiberio caminaba de un lado a otro de su habitación sin poder creer lo que escuchaba. Parado si moverse ,Agripa, su nuevo secretario lo escuchaba atentamente.

-No puedo creer que Lucio haya desaparecido sin dejar rastros, al igual que toda su gente. Abandonó sus posesiones materiales, a su esposa y ni siquiera he podido ubicar a su hijo para obligarlo a retornar. ¿Quién protege a ese hombre?

-No lo sabemos,Señor.Muchos dicen haber visto alguien parecido,por diversos lugares , pero al final, nunca están en lo cierto. Pero si hay algo verdadero, es que su esclavo sigue con él,se ha convertido en su sombra.

-Es mucho más que su sombra -sonrió Tiberio sarcástico.¡Y mi vida no es la misma sin su amistad! Confió en ese hombre como en ningún otro, y debí escucharlo antes de tomar una decisión tan estúpida y sin sentido.

-Tienes mucha gente que te aprecia-sonrió el
nuevo secretario inclinándose servilmente.
-¿Estás seguro? Pues no lo creo.
-Señor ,me ofendes ,sabes que puedes confiar
en mí-gimió Agripa.
-La soledad me abruma, hasta mi esposa me ha
abandonado.
-Tú la enviaste a esa maldita isla ,Señor.
-De nada sirve una mujer promiscua e infiel. Y
no fui yo, fue su padre-refutó retirándose a sus
aposentos.
El hombre estaba intentando conciliar el sueño
cuando le pareció ver una sombra detrás de una
estatua de mármol . Alarmado se sentó en la
cama y comenzó a gritar , atrayendo la atención
de sus guardias personales qué tras entrar
,cerraron con llave.
-Auxilio, intentan matarme-gritó.
-Nadie va ayudarte , han trancado las puertas-
sea acercó un desconocido con una daga en su
mano. Ni siquiera tus guardias te apoyarán-
carcajeó rabioso.
-¿Ustedes están contra mí?

-Perdona, Señor-acotó uno de los hombres. Más rápido que el atacante ,el emperador levantó un busto que tenía en una pequeña mesita, haciéndolo caer desconcertado hacia atrás. Ese instante fue suficiente, para que más soldados llegarán y titaran la puerta abajo, se entablara una terrible pelea. Atemorizado por la situación, y comprendiendo que no tenía escapatoria, el asesino intentó quitarse la vida.

-¿Estás bien ,Señor?-preguntó su secretario abrazándolo. ¡Gracias a los Dioses estos hombres llegaron a tiempo!-suspiró.

-Si, pero el traidor está muerto. No sabré quien quiso asesinarme.

-Eres un gran emperador, seguro algún envidioso que quiso sacarte del medio-comentó Agripa adulándolo.

-Recién dijiste que todos me querían-comentó Tiberio socarrón.

-Parece que me apresuré-susurró Agripa enrojeciendo.

Mientras los dos hombres conversaban, un guardia se acercó hasta el moribundo y puso su oreja sobre sus labios.

-Agripa, quedas detenido por intentar asesinar a tu Emperador. Este hombre acaba de confesarlo antes de morir.

-No digas estupideces, él hombre está liquidado, no puede haber dicho una palabra.

-Pues logró hablar Y bien claro-insistió el soldado levantando su espada.

-Cayo Marcio, te creo. Detengan a este hombre y mañana temprano será juzgado. Llegaremos al final de todo esto.

-Piedad,Señor.No es mi culpa. Hay varios tribunos que amenazaron a mi familia si no te sacaba del medio-gritó Agripa tirándose al suelo.

-Si no das los nombres suavizaremos tu sentencia, caso contrario serás condenado a muerte junto a ellos.

-Diré toda la verdad , Señor. ¡Lo juro!

-Reúnan al Senado. Que tomen nota-ordenó Tiberio Y busquen a Lucio Pompeu.Sus errores serán perdonados , y sus bienes devueltos.Pero lo quiero a mi lado..

-Pero Señor,nadie sabe donde está.

-Que se preparen y publiquen edictos por todos lados. Si es necesario, le rogaré de rodillas que regrese.

-Señor, escucha un momento-comentó un Senador que había llegado apenas enterarse del suceso.

-¿Acaso pretendes desobedecer a tu Emperador, Korus?

-No ,Señor. Simplemente quería comentar que tal vez Lucio piense que es una trampa Y no le de oídas.

-Confiemos en que eso no suceda. Absolutamente todo el Imperio debe enterarse que Lucio fue perdonado. Y se le restituirán todas sus posesiones y más. Ah, y puede atraer a su esclavo con él.

-Parece que no es más su siervo, el Senador concedió la libertad a todos sus esclavos antes de huir..

-Cosas de un loco, pero buena persona. Lo quiero a mi lado. Para siempre, nadie más confiable que él..

-Así se hará, Gran Señor-se inclinó el Senador. Lucio estaba intentando decidir para donde ir ,cuando vio al soldado romano leyendo el largo pergamino. Sabía que Jesús había anunciado que pronto sería arrestado, y muerto ,así que no le sorprenderá que esa fuera la orden de su detención.

-Ya me he acostumbrado a este mundo de locura, predicciones, curaciones …y amor-sonrió acercándosehasta el mensajero..

-La recompensa a que ofrece el Emperador es muy importanate ,pero, ¿dónde estará ese hombre?-comentaba un anciano meciéndose la barba.

-¿Qué sucede?-preguntó Lucio con curiosidad.

-Tiberio ofrece una gran suma para quien encuentre al Senador Lucio Pompeu y lo haga regresar a su lado por propia voluntad.

-Hace tiempo que está con el tema ,parece que no se cansa de buscarlo-agregó despectivamente.

-Ahora es diferente, le ofrece el cargo de secretario Personal y devolverle todos sus bienes y más.

-Con seguridad es una trampa-se burló Lucio..

-No lo creo , su nuevo secretario intentó asesinarlo. Se debe haber dado cuenta de lo valioso que es el tal Pompeu. En realidad,siempre fue bueno con todos nosotros -acotó la mujer.

-"Intentaron matar aTiberio.Debo ir a verlo, alguna vez, fuimos grandes amigos"-pensó. Pero Gideón, no estoy listo para dejarlo.Y nunca lo estaré.

-Todavía le permite llevar a su …esclavo, aún sabiendo que son amantes-comentó otra mujer como si le hubiera leído la mente.

-Debe estar desesperado-acotó Lucio. "Hablaré con Gideón y partiremos para Roma ya mismo"

El Senador se dirigió rápidamente al campamento y tomó a su amante del brazo.

-Al fin te encuentro -suspiró Lucio

-¿Cuándo partes a Roma?-sonrió este con tristeza.

-Entonces lo sabes….

-Todo el pueblo se ha enterado, e imaginé que esa sería tu decisión final.. Al fin y al cabo, eres un Senador Romano.

-Entonces ,estarás de acuerdo de que debemos salir lo antes posible.

-Te amo mas que a mi vida y lo sabes. Pero no puedo abandonarlo ahora que le quedan pocos días. Lo siento mucho-señaló a Jesús que estaba dando su acostumbrado sermón.

-¿Cómo lo sabe?-rezongó Lucio furioso por ser contradecido.

-Él lo afirmó .Y yo le creo.

-¿Lo eliges antes que a mí?-preguntó Lucio con tristeza.

-Ahora debemos separarnos ,pero estoy seguro de que no será por demasiado tiempo. Déjame cumplir con mi deseo, no sería feliz si le ocurre algo y estoy lejos.

-De acuerdo,pero prométeme que cuando toda esta locura termine irás a buscarme.

- Por supuesto,pero ya no soy el mismo…

-Tampoco yo.Muchas cosas han cambido,menos el amor que siento por ti y por mi hijo.Pretendo rescatarlo si las cosas salen como creo.

-Cumple con tu deber. Y espérame, iré a buscarlos a Roma.En cuanto se cumplan las profecías.

-Gracias por tu comprensión-susurró Lucio besándolo en la mejilla.

-Gideón vio correr al Senador hacia uno de los soldados que leía el edicto y e mordió los labios. El centurión lo miró varias veces pensando que era un loco ,hasta que pareció creerle y tomó una decisión.

-El Emperador te matará si intentas engañarlo.

-Estoy dispuesto a arriesgarme. Dame un poco de agua y una navaja, así me quito la barba. Será fácil reconocerme con la piel limpia.- ordenó.

-Sube a ese caballo negro .Si eres quien él reclama ,la búsqueda terminó.Ten cuidado,no es muy dócil.Pero adecuado para un Senador.

Lucio hizo lo que le ordenaron, y controlando sin ningún problema al cárcel ,recobró al instante toda su gallardía perdida.

-A Roma -gritó con autoridad enviando una última mirada amorosa a su amante.

-Adiós, Senador Lucio Pompeu. Quién sabe cuándo volveremos a encontrarnos-musitó el hombre.

-Solo alguien como tú podría manejar tan bien al indomable Taurus. Bienvenido a casa, Lucio Pompeu-dijeron los soldados al unísono. El Gran Tiberio te reclama..

<u>Capítulo X</u>

<u>Retorno</u>

Un Lucio más cansado y ojeroso bajó del
caballo y observó el Palacio que hacia tanto
tiempo había dejado. Sobre el último escalón de
la escalera Imperial, un Tiberio también
avejentado lo esperaba sin moverse.
Lucio sonrío, y tras llegar frente a su Emperador
se inclinó ceremoniosamente.
-Levántate, Senador. Levántate ,amigo-ordenó
este.
Lucio obedeció y tras un minuto de dudas se
abrazó a Tiberio.
-¡No sabes cuanto te extrañé!-sollozó este
golpeándole la espalda.
-¿Al Senador o al amigo?-preguntó Lucio.
-A ambos .Comprendí mi error apenas lo cometí,
pero era tarde para retractarme. Veo que vienes
solo.
-Si-afirmó con tristeza..Gideón tiene cosas que
resolver en Judea.

- Entiendo ,sé que la situación se ha puesto difícil por esos lugares. Y tú ,¿qué piensas hacer?-preguntó el Emperador observando la apagada mirada del hombre..

-Lo que tú mandes ,Señor.

-Lo que tu desees, tal vez podamos elaborar un plan alternativo para que no alejes demasiado de mí .Sería feliz sino te fueras nunca de Palacio -confesó Tiberio.

-Primero pongamos orden en la casa, y luego veremos.

-Y hablando de casa, tengo una hermosísima propiedad en Roma preparada para ti, mucho más grande y cómoda que la anterior. Puedes traer al pequeño Marco, que también podría irse preparando para ocupar un interesante puesto en el imperio. Supongo que ya debe tener cerca diez años aproximadamente.

-Así es, pero no apuremos. Y oír lo último que sé,le gusta más el arte que la política.

-Respetemos su voluntad entonces.Pero todavía es un niño.

-Agradezco tu comprensión.Dame una habitación cerca de la tuya, quiero conocer una a una a las personas que te acompañan.

-Gracias. No esperaba menos de ti.

Dos meses más tarde ,varios traidores habían sido eliminados y sustituidos por gente de confianza de Lucio. Las noticias de Judea eran terribles, Jesús finalmente había sido crucificado y no había movido un dedo para salvarse.

-Finalmente desilusionó a sus seguidores. Pensaron que organizaría una revolución y destruiría a Roma, pero entre el Sanedrín , Pilatos y Herodes fue finalmente asesinado. Sé entregó como cordero al amtadero.Además.parece que fue vendido por uno de los suyos a cambio de treinta monedas de plata.

-Tal vez interpretamos mal su mensaje y ese fue el error. Pero dejemos ese asunto-comentó Lucio sintiendo un terrible dolor por los seres queridos que tanta fe habían puesto en este.

-Nunca lo sabremos, pero estaba pensando que ahora que está todo encaminado, finalmente podrías ir a tu nueva casa. El palacio ha sido limpiado de ratas, y estando tú cerca de mí no volverán.

-¿Me estás corriendo?-bromeó Lucio

-Para nada, solo que deseo tu felicidad. Incluso estaba pensando en ir un tiempo a descansar a una isla , pero ya lo veré.

-Sería demasiado peligroso que te retiraras.

-Dejemos eso para más adelante. Ve a tu casa y pasa unos días allí. Trae a tu hijo, y luego conversaremos.

-Como digas-asintió Lucio dichoso de alejarse por un tiempo de ese nido de hipócritas Vendré todos eso días pero cualquier cosa que suceda me mandas llamar

-Así será, no lo dudes-comentó Tiberio besándolo en la mejilla.

Lucio descendió de su caballo y comenzó a recorrer el enorme recinto hermosamente decorado.

-Es un maravilloso lugar. Solo falta mi querido hijo y Gideón para ser perfecto.Empezaré por ir a buscar a mi hijo mañana mismo, pero Gideón, ¿Quién sabe dónde estará? Hasta quizá haya sido asesinado-pensó angustiado.

-No pierdes la costumbre de pensar en voz alta.Sin duda , necesitas un guardia que te controle-mencionó una conocida voz.

-¿Gideón?¡Estás vivo!-gritó Lucio.

-Hay que ser muy listo para asesinar a un parto, ni siquiera un romano es capaz lograrlo.

-¿Gideon? No puede ser , ¿cómo llegaste hasta aquí ?-tartamudeó Lucio pensando que sería su imaginación.

-El Emperador me envió buscar, y luego de que …sucedió lo que sabes decidí regresar a Roma,cualquier lugar es bueno para hacer discípulos. Especialmente, si están las personas que amamos junto a nosotros.

-No comprendo a qué te refieres-titubeó el Senador.

*"Por tanto, vayan y hagan discípulos de todas
las naciones, bautizándolos en el nombre del
Padre y del Hijo y del Espíritu Santo,
 enseñándoles a obedecer todo lo que les he
mandado a ustedes.*

Ese fue su último mandato, y aquí estamos
cumpliendo su orden-acotó Gideón.

-Sin embargo, pudo salvarse y no lo hizo.Tenía
mucha gente que lo apoyaba.¿Todavía no te
convences de que ese hombre era un fraude?-
recalcó Lucio.

-Tal vez no era esa la voluntad de su padre -
comentó Gideón levantando los hombros. Sin
embargo, hay gente que dice haberlo visto y que
incluso conversó con él luego de muerto.

-Ojo con lo que dices, esto es Roma.

-No lo olvido, pero hay muchos seguidores por
aquí, en todos los niveles Pero prometo
cuidarme por ti, por mí y por…Marco-sonrió
señalando al niño que apareció sonriente.

-Hijo mío-comenzó a llorar el Senador .¡Mañana
mismo iba a salir en tu búsqueda!

-No fue necesario. Gideón me ubicó y trajo con él.

-Debemos ser cuidadosos. En todos los aspectos.

-Lo seremos- dijo el chico dibujando un extraño arco sobre la tierra de la calle.

¿Y tu madre , y Tobías?-preguntó Lucio pensando en que era uno de los dibujos que gustaba hacer su hijo.

-Tobías eligió morir junto al ..Predicador. Y mamá se quedó en Judea.

-¿Qué es esa figura que dibujaste? Parece incompleta -preguntó Lucio a su hijo.

-Solo un arco-afirmó comenzando a borrarlo.

-Espera ,déjame terminarlo -sonrió Gideón completando la representación de un pez.

-No comprendo que dibujos hacen y tampoco quiero entenderlo.Entremos a nuestra nueva casa. Presiento que un interesante futuro nos espera. Como dijiste, Gideón ,los Dioses se empeñaron en juntarnos.

-Corrección: La vida lo hizo, querido Lucio, fue la vida-sonrió sintiendo el brazo de su amante sobre su hombro.

-Tenemos mucho que conversar-agregó Lucio mientras una suave brisa iba borrando el dibujo de su hijo y Gideón.

-Mira , el dibujo desapareció-exclamó Marco.

-No importa, lo principal ,está en el corazón y nunca se irá -rio guiñando un ojo al niño que quería como su hijo. Sospecho que el mensaje del maestro perdurará por los siglos de los siglos, hasta que él regrese otra vez.

-No entiendo lo que dicen-insistió Lucio.

-Algún día te lo explicaremos, ahora , no es el momento-acotó Marco con seriedad.Especialmente ,después de estar tanto tiempo separados.

-Marco tiene razón, vamos a comer y a descansar.Estoy agotado-insistió Gideón sonriendo a Lucio con complicidad.

"El amor es paciente y bondadoso; el amor no tiene envidia; el amor no es presumido ni orgulloso,no hace nada indebido, no es egoísta, no se irrita, no guarda rencor; no se alegra de la injusticia sino que se alegra con la verdad; todo lo sufre, todo lo cree, todo lo espera, todo lo soporta. El amor nunca deja de ser"
(1 Corintios 13:4-8).